dtv

»Zwei Seniorinnen, 83 und 72 Jahre alt, Freundinnen seit Jahrzehnten, erzählen in erheiternden Briefen von ihren täglichen Erlebnissen, vom dauernden Kampf gegen Tücken des Alters, von den Begegnungen mit jüngeren Menschen, von Unverständnis und Lieblosigkeit, von Freuden und Leiden einer Großmutter und von Tricks, wie man mit den unvermeidlichen Beschwernissen der dritten Lebensphase besser fertig werden kann. Die jung gebliebenen Schreiberinnen verfassen aber keine Jammertiraden, sondern begegnen sich selbst und ihrem Gegenüber mit verständnisvollem Humor. Der Leser glaubt ihr Augenzwinkern zu sehen ...« (Kirchenzeitung für das Erzbistum Köln)

Anne Biegel und Heleen Swildens sind zwei niederländische Journalistinnen, die über vierzig Jahre lang zusammen gearbeitet haben. Der erste Teil ihres Briefwechsels ist 1989 unter dem Titel ›Wo ist denn meine Brille?‹ in deutscher Sprache erschienen.

Anne Biegel
Heleen Swildens

Mitreden ist Gold

Anne und Heleen setzen ihren Briefwechsel
über das Älterwerden fort

Aus dem Niederländischen
von Hanne Schleich

Deutscher Taschenbuch Verlag

Von Anne Biegel und Heleen Swildens
ist im Deutschen Taschenbuch Verlag erschienen:
Wo ist denn meine Brille? (25100)

Ungekürzte Ausgabe
Oktober 1995
3. Auflage Mai 1997
Deutscher Taschenbuch Verlag GmbH & Co. KG,
München

Titel der niederländischen Originalausgabe:
›Een vinger in de pap‹

ISBN 3-7936-0283-4
Umschlagkonzept: Balk & Brumshagen
Umschlagbild: Rotraut Susanne Berner
Satz: IBV Satz- und Datentechnik, Berlin
Druck und Bindung: C. H. Beck'sche Buchdruckerei,
Nördlingen
Gedruckt auf säurefreiem, chlorfrei gebleichtem Papier
Printed in Germany · ISBN 3-423-25107-7

Die Angst vor dem Altwerden ist kennzeichnend für Menschen, die das Leben nicht lieben; und Lebensalter, Geschlecht, Rasse, Farbe oder sozialer Status – nach meiner Auffassung ohnehin nur Ideologie – spielen dabei überhaupt keine Rolle.

Ein festes Alter gibt es gar nicht – ich weiß nicht einmal, wo ich mein eigenes ansiedeln soll.

Wenn ich meine Jahre als Last empfinde, dann nur, weil ich müde bin oder krank: *das* fühle ich. Bin ich gesund, dann fühle ich mich nicht »alt«, sondern sehr nahe an der Grenze des Seins.

Marguerite Yourcenar

Liebe Ann –

manchmal glaube ich selbst, daß ich für meinen lädierten rechten Arm ein allzu strenger Zuchtmeister bin.

»... schlechter Bruch, Mevrouw«, sagte der Chirurg, kaum daß er einen Blick aufs Röntgenfoto geworfen hatte.

Wenn ich also morgens aufstehe, und der Arm hat die ganze Nacht über so gelegen, wie er auf keinen Fall liegen sollte, muß er unverzüglich Übungen machen: eine Art Fensterputzbewegung, die ich laut ärztlichem Gutachten zwar nie mehr zustande bringen werde – mit Hilfe eines Physiotherapeuten und meines angeborenen Starrsinns aber schon ganz gut hinkriege.

Dabei geht's mir natürlich nicht ums Fensterputzen (auf so was konnte ich immer schon gut verzichten), aber ein Arm, der zu nichts mehr taugt, ist lästig. Und darum muß er üben (beachte, daß ich von meinem Arm wie von einem selbständigen Wesen rede!): spannen, entspannen, recken und strekken, etwas anreichen, die Hand wie eine Maus an der Wand hochklettern lassen ... Der arme Kerl!

Aber ich darf nicht nachgeben.

Der Physiotherapeut erzählte mir beiläufig, Leute meines Alters setzten sich – wenn sie Schmerzen hätten – am liebsten mucksmäuschenstill in eine Ecke, weil sie es für das beste Mittel hielten, so wenig wie möglich zu fühlen.

Aber das ist natürlich Unsinn.

Da unser Leben aus Streben und Aufbegehren besteht, halten sie sich auf diese Weise nur zum Narren. Mit einfachem Stillsitzen erreicht man keine Besserung – im Gegenteil: alles wird ungehindert schlechter.

In diesem Jahr habe ich mein Katastrophen-Soll redlich erfüllt. Beim letzten Desaster stand ich eben noch kreuzfidel oben an der Treppe des Zweite-Welt-Zentrums, und zwanzig Sekunden später lag ich hilflos unten. Und dann ging's erbarmungslos weiter: Ambulanz, Krankenhaus, Röntgenaufnahmen. Fazit: Gebrochener Arm, gebrochener Mittelfußknochen – beides rechts.

»Nein – Sie können natürlich *nicht* nach Hause gehn.«

»Ich muß also hierbleiben –?«

»Nein – wieso? Sie sind doch nicht krank! Hierbleiben können Sie nicht.«

»Aber was – um Himmels willen – soll ich denn tun?«

»Das Pflegeheim wird Sie aufnehmen.«

Also lag ich am nächsten Tag auf einer Pflegestation – in der Obhut einer Anzahl von Pflegerinnen, Hilfspflegerinnen, Therapeuten und Ärzten. Und aus mehreren Gründen, die ich nicht schlüssig erklären kann, fand ich dieses Erlebnis sehr heilsam für mich.

Das ist nämlich so: Obwohl ich aus dem einen oder anderen triftigen Grund immer mal wieder an ein Krankenhausbett gefesselt bin, kann ich mich mit dem Gedanken, auf fremde Hilfe angewiesen zu sein, einfach nicht anfreunden. Ich selbst will zwar helfen, aber ich will nicht hilfs*bedürftig* sein. Ich bin nun einmal am liebsten die tapfere und in allen Notlagen hilfreiche Mutter, auf die sich die Kinder unbedingt verlassen können.

Ziemlich überheblich – das weiß ich selbst, aber *so* oft werde ich ja gar nicht gefordert; laßt mir also das Vergnügen!

Übrigens hat mich das Heim mit der unvermuteten Konfrontation so vieler Menschen, die nie mehr werden heimgehen können, sehr betroffen gemacht*. Ich verlegte mich wieder mal aufs Philosophieren (Zeit genug hatte ich ja) – es war das beste, was ich tun konnte; es half mir gegen die anfänglichen Angstzustände – die später allerdings auch wiederkamen. Solche Gefühle wechseln ja ständig ihren Akzent. Aber der Mensch ist ein sonderbares Wesen: Seine Fähigkeit, sich anzupassen, ist enorm. Wobei es für die Gewöhnung an ein Krankenhaus, ein Pflegeheim oder was auch immer in dieser Richtung sogar einen Namen gibt: Hospita-

* Pflegeheime gelten als »letzte Station«

litis. Du kennst die berüchtigten Symptome: Man möchte mit aller Gewalt hinaus – aber dann schreckt man davor zurück, weil man sich vor der unsicheren Welt da draußen fürchtet. Ich bekam deswegen fast Krach mit meinen Kindern; sie fanden, ich hätte längst nach Hause gehen können. »Du *traust* dich einfach nicht«, sagte meine Tochter vorwurfsvoll. Leider hatte sie recht.

Die ersten Tage daheim waren aber auch sehr mühevoll: stapelweise Papierkram, den nur ich selbst einordnen konnte – ein Bett, das sich keiner meiner Beschwerlichkeiten anpassen wollte, und ein Fuß, der bei der lächerlichsten Kleinigkeit auf Elefantenmaß anschwoll; und nachts niemand, der angerannt kam und sich um mich kümmerte. Kurzum: Ich fühlte mich vom Leben verstoßen – nur noch halb dazugehörig.

Damals hast du mir das Buch ›Ein Bein, auf dem man stehen kann‹ von Oliver Sachs geschickt. Sachs hat es am eigenen Leibe erfahren: Als er selbst Patient war und wieder laufen lernen mußte, versuchte er das Problem zunächst auf theoretische Weise zu lösen. Er wollte den Ablauf der Prozedur – bevor er sie in die Tat umsetzte – genau im Kopf haben. Aber das klappte natürlich nicht; man kann sich nun einmal nicht theoretisch fortbewegen – man muß es *tun! Ambulando solvitur*; was besagt: Indem man zu laufen beginnt, löst sich das Problem des Laufens von selbst. Und genau so erging es mir. Fast verzweifelt stellte ich mir immer wieder vor, ich sei als Babysitter im Haus meiner Tochter und von oben her riefe eines der Kinder. Ich würde die Treppe einfach nicht schaffen! In wilden Phantasien wurde sie immer höher, schmaler und verschlungener...*

Und dann war ich wirklich da, und von oben her rief wirklich ein Kind – und ich ging einfach die Treppe hinauf. *Ambulando solvitur* – wie gesagt.

Und was die Anpassung betrifft, so haben wir jetzt ein kleines Problem in ganz anderer Richtung: Wir haben so viel Resonanz auf unser erstes Buch erhalten, daß es uns richtig ein bißchen verwirrt hat. Bedeutet es, daß wir weiterschreiben sollen? Und wenn ja: wie –? Sollen wir nach einem Schema vorgehen? Machen wir weiter wie bisher – oder sollten wir etwas ändern? Was erwarten die Leser von uns?

Ich meine, wir sollten nicht zuviel darüber theoretisieren. *Scribendo solvitur*; indem wir zu schreiben beginnen, wird sich auch diese Frage von selbst beantworten.

Deine Taube
(mit lahmendem rechtem Flügel)

* Die Treppen in niederld. Wohnhäusern (vor allem in alten) sind tatsächlich eine Katastrophe: schmal, kurze steile Stufen und mit Windungen in unmöglichem Grad; eine Gefahr für jeden Fuß über Schuhgröße 32.

Liebe Taube –

gar so lahm können deine Flügel nicht sein; jedenfalls habe ich noch nie bemerkt, daß du sie »schleifen« ließest. Und wenn es wirklich einmal soweit käme, würdest du mit deinem Humor und deiner gottgesegneten Gabe, immer über etwas lachen zu können, bestimmt wieder auf eine rettende Idee kommen.

Gewiß der gebrochene Oberarm, der aus eigener Kraft gesunden mußte (eine Schulter einzugipsen wäre natürlich ein Unding!), hat dir bestimmt ein hartes Maß an Geduld abgefordert. Aber als ich dich zehn Tage nach dem Unfall in der Klinik besuchte, kroch deine Hand (die Schreibhand) trotz striktem Verbot immer wieder heimlich aus der Mitella* heraus und spielte mit dem unvermeidlichen Bleistift. Nun, leben ohne zu schreiben – das kannst du genausowenig, wie ein Frosch ohne Wasser existieren könnte; er muß immer und immer wieder hineinspringen. Aber wer erzählt dir das! Hab' ich doch selber in jeder Rock- oder Jakkentasche einen Bleistiftstummel.

Es juckt uns in den Fingern, unser Briefbuch fortzusetzen – wir sollten es einfach zugeben. Das Tempo, mit dem eine Auflage unseres Buches nach

* dreieckiges, um den Nacken geschlungenes Tragetuch

der anderen aus den Buchläden quasi wegfliegt, hat offenbart, wie viele unserer Generationsgenossen eigene trübe Erfahrungen mit ihrer Brille neben dem Suppenhuhn im Kühlschrank gemacht haben. Und jetzt genießen sie es, daß es auch anderen Leuten so geht: Namen vergessen, Einkäufe nach Bezahlung auf der Theke liegenlassen, auf Straßenkreuzungen in Panik geraten oder bei einer Arbeit, die sie vor ein paar Jahren noch »mit links« erledigten, todmüde werden. Es verschafft ihnen Trost und Erleichterung!

In all den zahllosen Briefen und Telefongesprächen, die wir das ganze Jahr über bekamen und noch bekommen, steht eine große Genugtuung im Vordergrund: das Sichwiedererkennen. »Wir sind alle so...«

Es wird mir warm ums Herz, wenn ein Satz im Brief oder eine Stimme am Telefon mir sagt: »Ich danke euch...«

Aber die Wahrheit ist, daß wir gar keinen Dank verdienen; wir haben es ja nur getan, weil wir es nicht lassen konnten; wir fanden es einfach nett, aus unserer Arbeit als Journalistinnen, aus eigenen täglichen Erfahrungen und auch ein bißchen »aus dem Nähkästchen« zu rapportieren, wie es einem alten Menschen so geht. »Alt« ist ja ein überwältigender Trend geworden. In keiner Generation vor uns haben so viele alte Menschen zusammengelebt, und wir werden voneinander lernen müssen, damit zurechtzukommen; wie man ja überhaupt in jeder Lebensphase unheimlich viel voneinander lernen kann.

Du und ich – wir lernen ja auch laufend voneinander! Das war eigentlich der Anfang: Wir taten dieselben blödsinnigen, schwierigen oder komischen Dinge und vertrauten sie einander an. Es bewahrte uns davor, in Frustrationen zu versinken.

Was du da schreibst über die Angst vor der Treppe und wie es – als es sein *mußte* – ganz von selber ging: Ich würde diesen quälenden Zustand wachsender Unsicherheit eine innere Panik nennen – als Gegenstück zu dem Gefühl heimlicher innerer Freude. Aber ich kenne das ja auch: die Angst, daß ich im falschen Zug sitze oder auszusteigen vergesse; nicht mehr zu wissen, wo ich mein Fahrrad abgestellt habe, ob ich den soeben in den Kasten geworfenen Brief richtig adressiert habe...

»Ach – geht Ihnen das *auch* so –?«

Welche Erleichterung in der Stimme der Generationsgenossin!

Die Flut von Reaktionen läßt darauf schließen, daß so eine Art »Netzwerk« entstanden ist – ins Leben gerufen von Leserinnen, die einander kennengelernt haben und die – weil sie jetzt wissen, daß die meisten von uns »so« sind – das Altwerden nicht mehr so beängstigend finden.

Deine alte Ann

Liebe Ann –

ist das nun komisch oder nicht: Da schreibe ich dir gerade einen schrecklich mutigen Brief darüber, daß alle Probleme sich von selbst lösen, wenn man nur den Mut hat, sie anzugehen – und was passiert? Um ein Haar wäre ich *wieder* die Treppe hinuntergefallen, und zwar zweimal hintereinander.

Also gut – die eine Treppe *war* unmöglich, und ich signalisierte mir schon beim Hinaufgehen: Achtung, hier lauert Gefahr! Paß auf, wenn du zurückgehst...

Und das tat ich denn auch; ich paßte auf wie ein Luchs und wäre dennoch fast wieder gestürzt. Keine Katastrophe, solange es nicht *wirklich* passiert, aber so nach und nach werde ich regelrecht kopfscheu.

»Eine Phobie«, sagte jemand. Auch das noch.

Tröstlicherweise gibt es unter unseren Leserinnen bestimmt wieder eine mitfühlende Seele, die beim Lesen dieser Zeilen ausruft: »Oh, das kenne ich!«

Besser noch wäre, sie griffe zu Feder und Papier und schriebe mir: »Keine Sorge – das gibt sich wieder!«

Prima. Besten Dank!

Anders als beim ersten Buch schreiben wir beide

diese Briefe nämlich nicht mehr allein; wir wissen uns herzlich unterstützt von all denen, die nach dem Lesen der ›Brille‹ das Gefühl haben, gute alte Bekannte von uns zu sein.

Was aber meine diversen Treppenstürze betrifft: Vielleicht sollte ich einfach keinen dieser nervtötenden Kongresse mehr besuchen; dabei passiert es nämlich meistens.

Tagungen mit Generationsgenossen: gut. Aber nirgendwo mehr hin, wo ich tiefschürfende Fragen über verwickelte Themen stellen muß und von wo ich wie betäubt weggehe – blind für eventuell lauernde Gefahren.

Ich kenne einfach meine Grenzen nicht, und das ist ein schwerwiegendes Manko. Einmal lege ich mich übertrieben forsch ins Zeug: »Kein Problem – das kann ich bestimmt!« oder »Klar – das werde ich eben für Sie erledigen ...« Selbstverständlich mit der Betonung auf »ich«; denn wie alle (angeblich) bescheidenen Leute bin ich in Wirklichkeit ziemlich eitel.

Geht dann aber etwas schief, verkrieche ich mich deprimiert in meinem Schneckenhaus; urplötzlich fühle ich mich für alles zu dumm, zu ungeschickt, zu alt ...

Als ob es nicht den berühmten »goldenen« Mittelweg gäbe!

Im Gespräch mit dem Vertreter eines Instituts für Datenverarbeitung sagte ich: »... ja – das würde ich gern erlernen, nur: Ich bin schon sehr alt.«

»Wie alt ist ›sehr alt‹?« wollte er wissen.

»Einundsiebzig; aber ich habe das Gefühl, daß – wenn ich noch ein bißchen am Leben bleibe und nicht mit einem Computer umgehen kann – mir das eventuell schaden könnte.«

Er lachte schallend – wie über einen gelungenen Witz.

»Oh – phantastisch! Genau wie meine Mutter: die ist *auch* noch so unternehmungslustig und kerngesund ...«

»... kerngesund –«, wandte ich ein – durch seinen Enthusiasmus ein bißchen verschüchtert: »... kerngesund bin ich leider nicht ...«

Kurz und gut: Ich habe von dem Kursus für Textverarbeitung abgesehen. Ich hatte nicht vor, die geheimen Tiefen einer solchen Apparatur zu erforschen – ich wollte sie nur *benutzen*, so wie man elektrischen Strom oder weiß-ich-was benutzt, ohne vorher das ganze System auswendiglernen zu müssen.

Dennoch möchte ich gern von dieser modernen Technik Gebrauch machen. Es wird natürlich nicht einfach sein, aber man sollte sich Neuerungen gegenüber nicht nur deswegen ablehnend verhalten, weil sie neu sind. Das Risiko, es letztendlich doch nicht zu schaffen, bleibt zwar, aber Risiken hat es immer gegeben – sie sind inzwischen nur etwas größer geworden. Aber ich sehe ein, daß man hoffnungslos ins Hintertreffen gerät, wenn man sich den Neuerungen seiner Zeit versperrt.

Eigentlich komisch, daß ich das jetzt zugebe. Ich erinnere mich einer Freundin, die mit Fünfzig ein Soziologiestudium begann. Ich – damals vierzig – hielt ihr einen Vortrag darüber, daß man »in unserem Alter« (vierzig, fünfzig: wie lächerlich jung mir das heute erscheint!) nicht mehr allzuviel Zeit daran verschwenden sollte, neue Kenntnisse zu erwerben – daß es vielmehr gälte, die bereits vorhandenen zunächst einmal zu verwerten.

Wie kam ich nur auf solchen Schwachsinn! Als ob das Leben nicht eine einzige ununterbrochene Folge von Erwerb, Verwertung, Verlust und wieder neuem Erwerb wäre. In dieser Hinsicht also bin ich restlos bekehrt. Übrigens hatte ich früher eine Menge sonderbarer Ideen, von denen ich mich aber jeweils rechtzeitig genug distanzieren konnte; das Leben ist überhaupt viel interessanter, wenn man von Zeit zu Zeit eine neue Komponente hinzufügen kann.

Voriges Jahr wollte unser Nachbarschafts-Klub einen Spanischkurs für Ältere einführen – in ruhigem Tempo sozusagen, aber es meldeten sich nur vier Interessenten; schade. Aber Gott sei Dank wächst inzwischen jene Gruppe älterer Menschen, die mehr aus ihrem Lebensabend machen will. Auch darüber haben wir den Leserbriefen so manche tolle Anregung entnehmen können.

Die Menschen sind eigentlich großartig. Älterwerden und alt zu sein bedeutet doch, laufend Zugeständnisse machen zu müssen: an Entschlußkraft, an Energie – nicht zu reden von Verlusten rein körperlicher Art. Und trotzdem machen sie weiter!

Deine Taube

Liebe Taube –

über Phobien kann ich ein Wörtchen mitreden; sie sind so etwas wie ein hartnäckiges Ekzem und einfach nicht wegzukriegen.

Seit einem Unfall, bei dem ich mit meinem linken Bein zwischen die harte eiserne Klappstufe des INTERCITY und die Bahnsteigkante stürzte und da elend hängenblieb, leide ich unter einer Art Eisenbahnphobie – einer alptraumhaften Angst vor dem Aussteigen.

Ich weiß nicht einmal genau, wie es passierte – aber ich wage auch nicht, es mir ins Gedächtnis zurückzurufen. Meine Reisetasche war ziemlich schwer, und das hat mich – als ich aus dem Zug stieg und die abscheuliche »Kluft« überwinden mußte, vor der ich mich immer so fürchte – wahrscheinlich aus dem Gleichgewicht gebracht.

»Jetzt ist es passiert –«, flog es mir durch den Kopf, als ich den brennenden Schmerz im Schienbein spürte.

Eine liebenswürdige Dame ergriff voller Mitgefühl meinen Arm und half mir aus der Falle heraus. Sie brachte mich samt meinem blutenden Bein ins Bahnhofsrestaurant, setzte mich auf einen Stuhl und alarmierte den Rettungsdienst; sie meinte, ich sei abgerutscht.

Die Trittflächen der Stufen sind ja auch unmöglich schmal, und der Abgrund zwischen Tür und Bahnsteig ist von beängstigender Tiefe – vor allem aber viel zu breit. Die für unser Alter zuständigen Institutionen – zum Beispiel der Seniorenverband – liegen der Eisenbahnverwaltung schon seit langem in den Ohren, hier Abhilfe zu schaffen, aber das scheint ein Ding der Unmöglichkeit zu sein.

Wir sind leider noch nicht so weit wie die Japaner, auf deren Bahnhöfen die Zugausstiege auf gleicher Ebene und fast nahtlos neben den Bahnsteigen liegen.

Meine Wunde, die bestens versorgt wurde, ist inzwischen verheilt (ist es nicht toll, daß ein mehr als achtzigjähriger Körper so was immer noch in Eigeninitiative schafft –? Das Bein ist wieder benutzbar. Ein beschädigter Computer könnte sich *nicht* selbst reparieren!). Wie gesagt: Die Wunde ist verheilt, der Schmerz vergessen und der Schock verebbt – aber die Angst ist geblieben.

Ich fahre nicht mehr, wie früher, jeden Tag mit der Bahn zum Dienst – ich brauche also keinen Psychiater. Aber wenn ich jetzt eine Bahnreise unternehme, hält mich die Angst wie eine schwere seelische Last die ganze Zeit über gefangen; sie beginnt schon, wenn ich die Reisevorbereitungen treffe. Ich bemühe mich nach Kräften, nicht daran zu denken, aber das sinnlose Grübeln wird nachgerade zur Manie. Es ist, als habe sich etwas Ungreifbares fest in meinem Kopf eingenistet; es dreht und dreht sich – immer als dieselbe Leier, und wie eine gesprungene Schallplatte bricht sie immer an derselben Stelle ab und beginnt von vorn.

»Menschenskind, hör doch auf«, schelte ich mich verzweifelt.

Aber es ist »plus fort que moi«: stärker, als ich es bin – mit meinem chronischen Mangel an Selbstdisziplin...

Kennst du das Couplet von Annie M. G. Schmidt: ›Zeur niet‹?*

Es ist ein kleines Meisterwerk aus der Reihe ›Herrlich währt am längsten‹ (Texte für Musicals) von 1956. Annies gesammelte Werke mit dem Buchtitel ›Bis hierher‹ gehören zu meinem festen Bestand an Bettlektüre; sie sind wie ein Besen, der all die närrischen, lästigen, schwierigen oder sonstwie problematischen Dinge, die mir unaufhörlich im Kopf herumgehen, schwungvoll hinwegfegt: Ab damit – Schluß für heute!

Die älteren Verse – die aus der Nachkriegszeit, als es für viele Leute noch die Zwangseinquartierung mit allen darin wurzelnden Gefahren gab, amüsieren mich am meisten. Eines dieser ›Meckerlieder‹ würde ich dir gern abschreiben, aber es ist

* Die Gedichte und Verse von Annie M. G. Schmidt sind so etwas wie eine gelungene Mischung aus Tucholsky, Morgenstern und Ringelnatz; mit einer Prise Wilhelm Busch. »Zeur niet« – »jammer nicht –«

einfach zu lang; nimm das Buch zur Hand und lies (auf Seite 481) selbst:

»Wenn du müde bist
oder alt –
zittrig, betrübt oder kalt
...
jammer nicht!«

Eben fällt mir etwas ein: In den Briefen, die wir als Resonanz auf unser Buch bekamen, berichten die Schreiber über ihr Leben – zum Teil sehr ausführlich, aber nirgendwo steht etwas von Hader gegen sich selbst. Auch in den Telefongesprächen ist nicht die Rede davon – soviel Zeit sie sich auch dafür nehmen; letzteres verstehe ich übrigens gut: Menschen, die allein zu leben gezwungen sind, nehmen sich für ein Telefongespräch manchmal die gleiche Zeit, die sie für einen persönlichen Besuch nötig hätten.

Zu dem, was du am Schluß deines Briefes über jene Menschen schreibst, die mehr aus ihrem Lebensabend machen möchten, kann ich dir nur zustimmen; ich bin ganz deiner Meinung.

Das Leben ist ja tatsächlich nichts anderes als ein fortlaufendes Erwerben, Benutzen, Verlieren und wieder Erwerben...

Ich muß oft an den klugen, gütigen Professor denken, der für viele von uns ein väterlicher Berater war. Als er seinen achtzigsten Geburtstag feierte, sagte er beiläufig: »... und ich lerne jeden Tag noch etwas hinzu.«

Ich empfinde mein Dasein (und vielleicht gilt das auch für andere meines Alters) wie eine Insel, davon die eine Küste ständig wie ein Gletscher »kalbt« und Land an die Brandung verliert, während die andere durch Anschwemmung von Schlick und allerlei biologischem Strandgut Neuland gewinnt.

Und da ich dies schreibe, sehe ich mich mit meinem kleinen Kanu auf einem der südholländischen Seen – vor langer, langer Zeit ... Ich steuerte auf ein winziges Eiland zu, durchs Schilf und durch einen sich wiegenden Teppich aus Baldrian, Minze und Iris. Das Wasser war klar wie eine Quelle, und wir glitten unbeschwert und selig hinein.

Damals, ach ...

Deine Ann

Liebe Anne –

ist dir schon einmal aufgefallen, welch große Mühe man sich in unserem Lande gibt, alle Dinge so schwierig wie möglich zu gestalten?

Wer mag auf die Idee gekommen sein, die Stufen von Eisenbahnen, Bussen und Straßenbahnen so unmenschlich hoch anzulegen? Das ist nicht nur unzumutbar für Alte oder Behinderte, sondern auch für Mütter mit Kleinkindern oder Kinderwagen (nebst Inhalt). Was – um Himmels willen – verspricht man sich davon? Und dabei ginge es doch auch anders; man muß nicht einmal den Blick auf Japan richten – man braucht doch nur an die U-Bahnen zu denken, die da so sanft mit ihren ebenerdigen Aus- und Einstiegen angerollt kommen.

Seit Jahren ärgere ich mich darüber, daß die Stempelautomaten in der hintersten Ecke angebracht sind. Folge ist, daß – wenn jeder Fahrgast brav bezahlen will (was keineswegs der Fall ist) – die ganze Meute durch den Hintereingang drängen muß; eine hochwillkommene Situation für Taschendiebe, die für Gedränge jeder Art geradezu schwärmen.

In Osteuropa gibt es längst Bahnen und Busse mit Automaten an *jedem* Eingang, zumindest aber findet man diese naiv-netten Kärtchenrollen neben der Tür. Theoretisch haben auch wir einen Automaten an jedem Einstieg, aber die Anzahl der öffentlichen Verkehrsmittel, die solch bescheidenen Forderungen nicht entspricht, ist beachtlich. Und wenn man vorne in der Tram den Fahrer bittet, den Fahrausweis abzustempeln, erntet man oft genug nur ein unwilliges Gebrumm.

Jaja – ich bin schon wieder weg! Von mir aus kann er's ja lassen …

Übrigens ist dieser Straßenbahnlenker und Kondukteur in Personalunion auch nur ein wehrloser und verletzlicher Mensch. Mutterseelenallein muß er den langen und meist übervollen Straßenbahnwagen steuern und instand halten – das heißt: Die Instandhaltung kann man vergessen. Jedermann darf ungestraft die Bänke besudeln oder aufschlitzen. Ich werde nie begreifen, wieso Leute mit gesundem Menschenverstand den Straßenbahnschaffner seligen Angedenkens abgeschafft haben; nur er allein hätte der gegenwärtigen Zerstörungswut einen Riegel vorschieben können. Aber ungeachtet der herrschenden Arbeitslosigkeit ist er wegrationalisiert worden – und ich würde gern einmal einen Blick auf die entsprechende Rentabilitätsberechnung werfen. Ich fürchte, die Personaleinsparung steht in keinem Verhältnis zum Arbeitslosenentgelt plus Reparaturkosten für die laufenden Sachbeschädigungen.

Aber weiter im Text. Du, Ann, fürchtest ein »Klageweib« zu werden. Laß dich beruhigen:

Dazu hast du keine Begabung – du hast dein Leben immer noch fest im Griff.

Ich dagegen hätte triftigeren Grund, mir Vorwürfe zu machen. Ich glaube, daß ich immer mehr dem Bild »Komische Alte« entspreche.

Dazu hatte ich immer schon Talent; und wenn man viel allein ist und demnach auch wenig Widerspruch erfährt, sammeln sich die entsprechenden Eigenschaften ungehindert an. Manchmal lache ich zwar über mich selbst, aber im gegebenen Moment denke ich erschrocken: Was soll das noch werden –?

Anläßlich eines Besuchs bei einem der verschiedenen Ärzte, die ich laufend konsultieren muß, bildete ich mir ein, nach der Untersuchung ungebührlich viel Zeit zum Ankleiden in Anspruch zu nehmen; vielleicht saß ja schon ein anderer Patient da und wartete voller Ungeduld. Ergo begab ich mich mit einigen noch offenen Knöpfen an Bluse und Jacke wieder auf den Weg ins Sprechzimmer und dachte: Das bringe ich unterwegs in Ordnung. Als ich mich an der Tür verabschiedete, meinte der Doktor schockiert: »Aber Sie können doch nicht halbnackt über den Flur gehen! Und gehört Ihre Bluse nicht *in* den Rock?«

Anstatt nun zu erklären, ich hätte ihn nicht so lange aufhalten wollen, sagte ich: »Aber das ist doch nichts Unanständiges!«

Die Antwort auf diesen blöden Satz blieb er mir schuldig; er drückte mir freundlich (oder mitleidig?) die Hand.

Das Schöne am Altsein ist, daß ich mich gar nicht mehr aufrege, wenn ich eine komische Figur mache. Übrigens passiert mir das inzwischen öfter. Die Franzosen behaupten zwar, Lächerlichkeit töte – aber das stimmt nicht. Ich kann ganz gut damit leben, und außerdem habe ich festgestellt, daß meine Umgebung entweder kaum Notiz davon nimmt oder es am nächsten Tag schon wieder vergessen hat.

Wenn ich dagegen an meine Jugend denke... Diese Verzweiflung, wenn ich irgendeinen Bock geschossen hatte! Ich kam mir vor, als könnte ich mich nirgendwo mehr blicken lassen.

Wirklich: Die philosophische Betrachtung des Alters hat ihre Vorteile!

Deine närrische Taube

Liebe närrische Taube –

wenn du das Gefühl hast, dich nicht normal zu benehmen (was ist eigentlich »normal«?), dann siehst du dich selbst wie durch ein Vergrößerungsglas. Jedenfalls denke ich das von mir selber. Aber wenn jemand um dich her sich sonderbar benimmt, dann regt dich das doch auch nicht auf; du denkst höchstens: Na und –?

Genau das mußt du auch für *dich* in Anspruch nehmen.

Ich bin davon überzeugt, daß auch ich manchmal lächerliche Dinge tue – und dann merke ich, daß niemand eine Miene darüber verzieht. Als ich kürzlich mit dem Zug in die Bahnhofshalle einfuhr und den Türöffner betätigte, sagte ich – als die Tür auseinanderglitt – mechanisch und ins Leere hinein: Danke.

Lachend ging ich über den Bahnsteig. Du bist nicht mehr ganz bei Trost, dachte ich, aber soweit ich feststellen konnte, lachte von den Mit-Aussteigern niemand.

Wenn wir älter werden, sind wir hin und wieder einmal auch unser eigener Clown. Und im übrigen sehe ich das genau wie du: Gegenüber früher macht es mir kaum etwas aus, gelegentlich aus der Rolle zu fallen (eine liebenswürdige Umschreibung für deine »Komische Alte«). Was für ein Drama wäre das früher gewesen – du liebe Zeit! Du bist doch nur halb angezogen aus dem Sprechzimmer gegangen, weil du andere nicht warten lassen wolltest. Unsere Generation ist noch im Geist dessen erzogen worden, was fundamental unerläßlich ist für ein humanes Zusammenleben; was man auch mit »Zivilisation« bezeichnen kann: einander nicht behindern.

Im Geiste höre ich noch meine Mutter sagen: »... denk auch an andere, Kind.« Was ist davon geblieben, in dieser egozentrischen Zeit?

Eine große Ausnahme, worüber ich immer noch sprachlos vor Staunen und gleichzeitig glücklich bin, erlebte ich vor nicht allzu langer Zeit in einem gedrängt vollen Samstagszug, als ich mit Mühe und Not noch einen Platz im Raucherabteil ergatterte. Mir gegenüber saßen zwei Punk-Mädchen – Verzeihung: »Weiber« müßte ich wohl sagen, aber dagegen sträubt sich meine Feder – und neben mir eine junge Frau in schwarzem Leder; sie holte ihre Rauchutensilien heraus, blickte mich an und fragte zuvorkommend: »Stört es Sie, wenn ich rauche?«

Darauf ich: »Aber ich sitze hier doch in ›Raucher‹!«

Sie: »Sicher nur, weil in ›Nichtraucher‹ kein Platz frei war...«

»Das stimmt«, sagte ich, »aber hier muß es Ihnen

erlaubt sein, zu rauchen. Stecken Sie Ihre Zigarette nur an – aber ich halte es für sehr liebenswürdig, daß Sie mich gefragt haben.«

Ein Ausnahmefall, der es sicher wert ist, gegenüber dem Verhalten der Tu-was-du-willst-Jugend herausgestellt zu werden.

Übrigens hat die es auch nicht so leicht – in unserem überquellenden Land, in dem es mehr um Kaufkraft als um Denkkraft geht. Eigentlich muß es doch einen überwältigenden Bedarf an Kreativität geben in diesem verrückten Labyrinth, darin wir alle ausweglos herumirren.

Aber du hast recht: Wir machen uns gegenseitig das Leben immer schwerer – auf allen Gebieten. Du und ich – wir haben kein Auto und somit auch keine Last mit dem Straßenverkehr und den endlosen Staus. Aber wir handeln uns mit dem Verkehr per Draht, der endlosen Telefoniererei, trotzdem noch hohen Blutdruck ein.

Es beginnt damit, daß nie jemand zu erreichen ist; fast jeder wohnt heutzutage für sich allein, und man braucht nur einen Brief zum Kasten zu bringen – schon ist man für andere »nicht da«. Davon abgesehen, frage ich mich manchmal wirklich, *wohin* die Leute tagsüber alle gehen. Nun gut. Nach mehrfachen vergeblichen Bemühungen am Tag versuche ich es dann abends erneut. Obendrein ist es dann ja auch billiger. Da aber *jeder* so denkt, sind die Verbindungen überlastet: zuerst besetzt, dann nichts – die Leitung ist einfach tot. Neuer Versuch – Verbindung, endlich.

»Ja – halloh –?«

Unterbrochen. Wenn man es unter Aufbietung der letzten Reserven an Selbstbeherrschung noch einmal versucht, kommt tatsächlich eine Stimme: »Ach bitte, jetzt nicht – wir schauen uns gerade einen Film an. Versuchen Sie es etwas später…«

Glücklicherweise ist der Hörer aus strapazierfähigem Material, sonst hätte er längst Kratzer oder Sprünge vom jeweiligen Knall auf die Gabel.

Ärgernis Nummer zwei ist der – wie du es nennst: Eingriff in das tägliche Leben, den das Telefon unternimmt. Wir beide sind Kopfarbeiter – wir schreiben, übersetzen, studieren oder denken über etwas nach – und mitten hinein schrillt der Apparat. Das ist genauso schlimm wie unerwarteter Besuch. Los, denkst du, hör zu! Deine Ohren vernehmen das Geräusch von Worten, aber dein Geist ist nicht dabei. Du müßtest mich sehen, wie ich mit geballten Fäusten dasitze!

Aber jetzt habe ich mir etwas ausgedacht: Meine Eieruhr hat einen festen Platz neben dem Telefon bekommen. Wenn ich jemanden am Draht habe, von dem ich genau weiß, daß er auf »open end« geschaltet hat, stelle ich die Uhr auf fünf Minuten; sowie sie (deutlich hörbar) klingelt, sage ich: »Oh –

tut mir leid, ich muß aufhören.« Ohne weiteren Kommentar.

Tschüs, Taube!

Deine ungeduldige Ann

p. s.: Geschäftliche Telefonate klappen auch nicht besser – du kennst das ja: »... ich verbinde weiter –«

Von wegen weiter: Funkstille. Man sitzt da, den Hörer ans Ohr gepreßt, um auch ja kein Tönchen zu versäumen – machtlos. Auflegen.

Neuer Versuch: Besetzt.

Ein einziges Mal noch ... »Nein, der Chef ist eben weggegangen – versuchen Sie es doch um zwei Uhr noch mal.«

Um zwei: »Der Chef ist in einer Besprechung.«

Wie gehabt.

So sollte es sein, Ann –

sich gegenseitig nicht behindern und außerdem noch ein wenig Verantwortungsgefühl gegenüber seinem Nächsten aufbringen.

Ich fuhr mit unserer geliebten Amsterdamer Tram, die polternd und schlingernd dahinrollte. Schräg vor mir saßen eine Japanerin und ihr Kind – anderthalb Jahre vielleicht, das Kleine am Mittelweg – die Mutter am Fenster. Die Frau schien so großes Vertrauen in die Anpassungsfähigkeit unserer modernen Verkehrsmittel zu haben, daß sie seelenruhig zum Fenster hinausblickte und den Kleinen sich selbst überließ. Bei jeder Kurve schwankte er hin und her wie ein Rohr im Wind, und jedes Mal ging mir – sich steigernd von leichter Beunruhigung bis zur Panik – dreierlei durch den Kopf: Da! Jetzt passiert's, jetzt fliegt das Kind von der Bank ... Und: ... aber was geht das mich an! Und ferner: ... aber irgendwas muß ich doch unternehmen!

Unsere Tram ist nämlich total inhuman. Als ich nach meiner Augenoperation aus dem Krankenhaus entlassen wurde, durfte ich wieder alles tun und lassen – nur nicht mit der Straßenbahn fahren.

Gottlob stiegen an der nächsten Station die Kontrolleure ein.

»Herr Schaffner«, bat ich aufgeregt, »sagen Sie

dieser Mutter doch bitte, daß man in der Amsterdamer Straßenbahn sein Kind festhalten sollte...«

Zuerst lachte er nur, aber dann ließ er sich überreden, und endlich legte die Mutter dann auch ihren Arm schützend um das wankende kleine Menschlein.

Ein Junge in der Bank vor mir drehte sich zu mir um und meinte gleichmütig: »Och, Mevrouw – sie wird's schon merken, wenn das Kind unten liegt...«

»Junge«, sagte ich (du und ich – wir scheinen laufend irgendwelche Dialoge vor der Öffentlichkeit führen zu müssen!), »wenn sie selbst von der Bank rutscht, stört mich das nicht. Aber das Kleine kann noch nicht selbst für sich sorgen. Aber nun ja: Du gehörst auch noch nicht zur Großeltern-Generation...«

»Ja«, grinste er amüsiert, »das dachte ich auch schon.«

Ich nickte ihm zu, und wir einigten uns schweigend über die Rollenverteilung: Jedem das Seine; den Omas das Sich-drum-Kümmern.

Wozu sollte man sich in seinen jungen Jahren auch über anderer Leute Kinder aufregen! Das kommt noch früh genug.

Es scheint so, als seien wir inzwischen etwas zu tief ins Ich-Zeitalter gesunken. Wobei man nicht vergessen sollte, daß wir immer noch in einem Wohlfahrtsstaat leben – auch wenn die Regierung infolge Geldmangels zu knausern anfängt. Immer noch werden Gelder ausgegeben für diejenigen, die nicht arbeiten können (oder dürfen) – und sie werden aufgebracht von denjenigen, die arbeiten müssen (oder dürfen).

Ich weiß noch genau, daß meine Mutter nach dem Tod meines Vaters (das war vor der Regierung Drees) keinen Pfennig Geld hatte. Damals wohnten meine Schwester und ich mit unseren Familien in *einem* Haus. Mutter bekam ein Zimmer bei uns und war im übrigen vollständig auf uns angewiesen. Ich weiß, daß sie sehr unglücklich darüber war, aber unsere eigene beschränkte Situation bot keine andere Lösung.

Es dauerte allerdings nur fünf Monate – dann war ihr Lebensmut erschöpft.

Übrigens hat es mit meinem eigenen Lebensmut zur Zeit auch nicht viel auf sich. Ich komme mir manchmal so nutzlos und überflüssig vor, und dann frage ich mich, was ich hier eigentlich noch soll. Vielleicht war ich ausgerechnet als Mutter in dieser Hinsicht zu sehr verwöhnt. Man brauchte sich nie zu fragen, welchen Nutzen es hätte, daß man da war. Man war sich stets bewußt, daß man für die Kinder zu sorgen hatte; aber diese Sorge nähert sich – langsam, aber sicher – dem Nullpunkt. Man wird ganz auf sich selbst zurückgeworfen. Hinzu kommen immer neue Schwachpunkte oder generelle Schwächungen meiner irdischen Hülle.

Wir haben es von jeher gewußt: Das Alter bringt Gebrechen mit sich; aber niemand wußte, welcher Art sie sein würden. Und natürlich handelt es sich immer um Defizite, die man gern gegen ein anderes Manko eintauschen würde. Hat man sich aber erst einmal daran gewöhnt, dann wird es sofort ein bißchen ärger.

Manchmal sage ich mit Nachdruck: »Jetzt reicht's mir: Das Maß ist voll!«

Na wenn schon. Weitermachen muß man trotzdem; still weitermachen und versuchen, sich damit abzufinden.

Und vielleicht ein bißchen traurig sein.

Deine Taube

Ach ja, liebe Taube –

es gibt diese Tage der Trauer.

Um aber an deinen vorletzten Satz anzuschließen: Das Alter kommt in der Tat mit den sonderbarsten Gebrechen und körperlichen Unannehmlichkeiten, die man sich einfach nicht vorstellen kann, solange man von eigenem Verfall noch nichts weiß. Und man braucht jeden Tag neue Energie und neuen Mut, um ihnen zu trotzen und sich gleichzeitig damit zu arrangieren; es bleibt nichts übrig, als die Dinge so zu nehmen, wie sie sind. Sich mit seiner Situation abzufinden, bedeutet ja nicht – wie mancher es sich irrtümlich vorstellt – einmal tapfer »ja« zu sagen, und damit wär' alles klar, fertig, vorbei.

Von wegen! Arthrose, die in den Händen schmerzt, tut das täglich. Entweder sie kneift und sticht oder sie lähmt die Hände dermaßen, daß man nichts festhalten kann. Das Bohren bleibt – es ist lediglich an einem Tag erträglicher als am anderen. Es hängt vom Wetter ab, vom akuten Wohl- oder Nichtwohlbefinden – der Schmerz ist auf jeden Fall ein Begleiter, den man nicht mehr loswird. Ich mache mir dein Fazit zu eigen:

Still weitermachen und versuchen, sich daran zu gewöhnen.

Gegen etwas aber protestiere ich aufs schärfste!

Du bist weder nutzlos noch überflüssig; vielleicht fühlst du dich so – aber ich bestreite, daß es stimmt. Wer *hat* denn jeden Sonntag, den Gott werden läßt, die drei Wirbelwinde zum Essen da – samt ihren Eltern, die dann ein bißchen Atem holen können und kein Geschirr spülen müssen? Wer schreibt zusammen mit mir diese Briefe – als Fortsetzung zu unserem Briefwechsel ›M'n bril in de ijskast‹*, der eine Auflage nach der anderen erlebt und der Reaktionen bewirkt wie die folgende (ich zitiere aus einem langen Brief):

»Es liegt mir am Herzen, Euch wissen zu lassen, wie positiv Ihr beiden im Leben steht und wie wichtig Euer Buch ist, in einer Welt, da es mehr und mehr alte Menschen gibt. Wir danken Euch!«

Und wer gibt seine Kenntnisse über Rußland weiter (die dir ja auch nicht einfach in den Schoß fallen) – die vor allem jetzt, da die sogenannte Perestrojka und »Glasnost« stattfinden, von großer Bedeutung sind? Gar nicht zu reden von den Übersetzungen, die du machst.

»Das könnten andere auch«, höre ich dich im Geiste sagen, aber das ist keineswegs so. Jeder Mensch ist eine ganz eigene Persönlichkeit; er vermittelt das, was er zu geben hat, auf seine eigene Weise, aus eigener Kenntnis, eigenem Erlernten, eigener Erfahrung und mit eigenem Hintergrund.

* Deutscher Titel: ›Wo ist denn meine Brille?‹

Die nicht meßbare geistige Energie, die du selbst in dich investiert hast, ist ganz persönlicher Art und nicht austauschbar. Und das gilt nicht nur für das, was du tust, sondern auch für das, was du bist – für deine Kinder, deine Enkel, deine Freunde und deine ganze Umgebung.

Ich kenne nur wenige Mütter, die auch zu ihren Schwiegerkindern ein so herzliches Verhältnis haben wie du zu den deinen; dein Fehler ist, daß du dich immer unterschätzt.

So, das wäre das.

Und nun etwas anderes – etwas, worin wir uns auch nicht einig sind:

Du schreibst, manchmal schiene es dir, als seien wir zu tief ins Ich-Zeitalter eingetaucht. Das scheint nicht nur so – es *ist* so; und nicht nur ein *bißchen* zu tief, sondern ganz und gar ins Bodenlose. Und das ist nicht zuletzt die Schuld unseres Wohlfahrtsstaates – er hat diesem Zustand sozusagen in die Hand gearbeitet. Als die Regierung Drees mit ihrer vorbildlichen Sozialversorgung ans Ruder kam, hätte niemand voraussehen können, daß dies einmal der Tod der Eigenverantwortung werden und den abscheulichen Egoismus der Jetztzeit auf den Weg bringen könnte.

Wir leben in einer übelkeiterregenden Überflußgesellschaft mit immer höher sich schraubenden, künstlich gezüchteten Bedürfnissen. Dem braven

Bürger wird mit allen Mitteln eingeredet, daß zum Beispiel seine schöne Küche unbedingt gegen eine andere aus dem »flammneuen Material XY« ausgetauscht werden müsse – oder: sein Schlafkomfort sei nur noch mittels »jener« hundertfach verstellbaren Betten gewährleistet.

Wenn mir dann ein Brief auf den Tisch flattert, in dem ein junger Mann von seiner Arbeit als Freiwilliger bei Mutter Teresa in Indien berichtet – wie man sich etwa nachts, mit einer kleinen Reisstrohmatte unterm Arm, einen Schlafplatz suchen muß: in einer Toreinfahrt oder auch auf einer Brückenmauer, dann steigt verzweifelte Wut in mir auf.

Was – in Gottes Namen – tun wir eigentlich! Dort wie hier die gleichen Geschöpfe, geschaffen für ein lebenswertes Dasein auf dieser Erde...

Natürlich gibt es in unserem Wohlfahrtsstaat auch Menschen, die ihr Leben nur mit Mühe fristen können – an denen das allgemeine Wohlleben vorbeigeht. Und dann gibt es die, die nicht mit Geld umzugehen wissen – die alles haben möchten, aber nicht zu wirtschaften verstehen. Über diesen Themenkomplex könnte man endlos streiten. Der Trend geht einfach dahin, sein Geld ausschließlich für sich selbst anzulegen und jegliche weitere Verantwortung auf den Staat abzuwälzen.

Indem ich diese Kritik anbringe, bin ich mir bewußt, daß ich die Guten mit den Schlechten über *einen* Kamm schere. Aber es scheint ziemlich viel »Schlechte« zu geben.

Und warum werde ich angegriffen, wenn ich es als skandalös bezeichne, daß Kinder nichts mehr für ihre Eltern zu tun brauchen – weder mit finanzieller noch mit sonstiger Hilfe?

Ach ja: Sie »wohnen leider zu weit entfernt« et cetera pp. Als ob nicht jedermann ein Auto hätte und überall damit zu finden wäre, wo etwas los ist –!

Kürzlich las ich, jemand habe sich ungeheuer darüber aufgeregt, daß die Zimmer eines Pflegeheims wegen Personalmangels von den Kindern der Pfleglinge saubergehalten werden müßten. Schrecklich, nicht wahr –? Es waren die *eigenen* Kinder, von denen verlangt wurde, im Zimmer der Eltern Staub zu wischen und zu putzen...

Nein, Taube, etwas läuft schief in unserem schönen Wohlfahrtsland voller ichbezogener Bürger, die sich immer auf der Jagd nach dem Mehr befinden; und mit immer mehr jungen Menschen, die verzweifelt nach dem Sinn des Lebens suchen.

Deine sehr beunruhigte Ann

p. s.: Du weißt, daß man mich in sozialkritischen Dingen zumeist auf der Seite der sogenannten »kleinen Leute« findet, aber dies mußte ich mir einfach von der Seele schreiben. Selbst auf die Gefahr hin, daß wir uns jetzt in endlose Diskussionen über gesellschaftliche (Wahn-)Zustände verlieren.

Aber das muß nicht sein. Erzähl mir lieber, wie es deinem Teddybär geht. Wird er noch immer heiß und innig von deinen Enkelkindern geliebt und gehätschelt?

Nein, Anne –

der Teddybär ist so verschlissen, daß ich ihn in den Schuppen verbannt habe – dort darf er im Schrank *noch* schlechtere Zeiten abwarten; ihn endgültig wegzuwerfen, bringe ich nicht übers Herz.

Wenn du gegen den Egoismus zu Felde ziehst, findest du mich an deiner Seite – doch leider halte ich auch zu den Ichsüchtigen. Ich gehöre selbst dazu. Ich möchte gern dies – ich möchte das, ich will in die Berge oder an die See, ich wünsche mir auch so manches für meine Kinder, was im Grunde genommen nichts anderes bedeutet als eine Erweiterung meines eigenen »Ich«.

Egoismus hat es immer gegeben – in allen möglichen Formen und von annehmbar bis abscheulich und übelkeiterregend; es ist keine Erfindung der achtziger Jahre – wirf nur einen Blick in die Geschichte!

Man muß nicht einmal sehr weit zurückgehen. Wenn ich an die vielen lieben Tanten denke, die meine Jugend »umsäumten«, komme ich eindeutig zu dem Schluß, daß es auch in deren Lebensweise eine ganze Menge »Ich« zu entdecken gibt. Erst kürzlich fiel mir ein Brief in die Hände, den eine meiner Tanten an meine Mutter geschrieben hat, als sie – meine Mutter – ein Jahr lang nach Buenos Aires verbannt war. Sie lebte dort zwar mit ihrem

Mann und den Kindern, aber ihre Verwandten – ihr ganzes Leben war in Amsterdam zurückgeblieben, und sie litt sehr darunter.

Es ist ein ganz süßer, herzlicher Brief, aber du lieber Himmel, wie beschränkt! Nur über die Kinder, die Verwandten, den Haushalt. So lebten wir *früher* – die Außenwelt existierte gar nicht, aber man kannte die Frauen als herzlich, nächstenliebend, hilfreich.

Vergiß nicht, daß Frauen gegenwärtig eine Menge Verpflichtungen außerhalb des Familienkreises haben. Natürlich hat das auch Rückwirkungen auf die Männer: sie müssen viel öfter einmal »einspringen«. Das habe ich erst diese Woche wieder erlebt, als das Kind des jungen Familienvaters, mit dem zusammen ich an einer Arbeit beschäftigt bin, krank wurde: Es klappt nicht richtig mit der Krankenpflege, weil Mann und Frau umschichtig »etwas zu erledigen« haben. Früher konnte der Mann häusliche Dinge wie die Pflege eines kranken Kindes getrost seiner Frau überlassen; denn gab es auch noch so viel zu tun, so konnte sie über ihre Zeit doch selbst verfügen.

Heute ist es aber so, daß unsere moderne Lebensform den Einsatz von Mann *und* Frau fordert, und das geht zwangsläufig zu Lasten der Familie. Vielleicht ist es dann wirklich zuviel verlangt, einfach für eine Stunde losziehen und in einem Altenheim Ersatzdienste leisten zu sollen.

Ich darf gar nicht dran denken, daß ich, wäre die Regierung Drees nicht gewesen, mit meiner ganzen (leider immer noch zunehmenden) Körperfülle eine Last für meine allernächsten Verwandten geworden wäre: beschränkt auf ein kleines Zimmer und zwangsweise eingebunden in den Lebensrhythmus anderer; eine Art Dasein aus zweiter Hand. Es wäre das Ende der netten Heleen Swildens, wie du sie so liebevoll beschreibst.

Was nun den Trübsinn betrifft, mit dem mein letzter Brief endete: Das war nur ein Teil des wogenden Auf und Ab, das »Leben« heißt. Manchmal stehe ich unversehens hoch oben auf dem Kamm einer Woge und finde alles einfach wundervoll; und dann weiß ich überhaupt nicht, wo das wachsende Ungemach, das mich normalerweise plagt, geblieben ist. Hab' ich es tatsächlich vergessen oder habe ich mich einfach entschlossen, es großmütig anzunehmen?

Übrigens mache ich sehr wohl einen Unterschied zwischen »anständigen« Unzulänglichkeiten wie Schmerz, Trägheit oder Vergeßlichkeit, über die man mit jedermann und ganz normal reden kann – und jener Sorte, vor der ich mich immer ein bißchen geniere. Reklameanzeigen können einem noch so scherzhaft-liebevoll beizubringen versuchen, daß man nicht »allein mit dieser Kalamität« dastehe, sondern sie mit Abertausenden teile – den ersten Schreck muß man trotzdem erst wieder verkraften: auch *das* noch!

Du hast es ja selbst mitgemacht, als du mich stolz in meinem Rollstuhl herumfuhrst (nichts wie Angeberei meinerseits – wirklich! Wenn's der Klinik nach gegangen wäre, hätte ich den Rollstuhl längst wieder abgegeben und mich einer Krücke bedienen müssen – aber das fand ich so armselig...). Der Rollstuhl war so eine Art Schneckenhaus für mich geworden, in dem ich alles mögliche unterbringen konnte, was mit einem Gipsbein und dem Arm in der Mitella schlechterdings nicht zu befördern war. Na schön. Wir kamen also mit meinem Rollstuhl beim KRO* an, und auf die enthusiastische Begrüßung antwortete ich nur mit *einem* Satz: »Hallo! Wo ist die Toilette?«

Ja, und jetzt ist es so, daß man den Tag – sowie man sich aus der eigenen Wohnung entfernt – in kleine Zeitabschnitte einteilen muß, und auch *diese* noch gekoppelt mit der Frage: Schaffe ich das auch –? Man bewegt sich praktisch von Toilette zu Toilette. Das Alter ist kein Ruhezustand; es ist wie eine Art Belagerung, der man immer wieder etwas opfern muß. Doch nach so vielen Jahren des Lebens weiß man, daß »Preisgabe« noch am wenigsten schmerzhaft ist. Man kann

* KRO = Katholieke Radio Omroep (Katholische Rundfunkstation)

sich damit arrangieren. Vorher aber muß man dem widerborstigen Teil seiner selbst zureden wie einem kranken Gaul.

Deine behinderte Taube

Ach ja, Taube –

die Unberechenbarkeit der »Wasserstraßen«! Dieses Leiden ist wahrscheinlich das größte und unangenehmste des Alters, gleichzeitig aber auch das, worüber am wenigsten gesprochen wird. *Daß* sie daran leiden, wissen die Betroffenen – wenn sie ehrlich sind – nur allzu gut. Alt zu werden, das heißt nun einmal, mit allerhand umgehen zu lernen: daß man unschärfer sieht, schlechter hört, daß man es zu spüren kriegt, wenn man ein bißchen über den Hunger hinaus ißt... Aber eine volle Blase, deren Verschluß nicht mehr richtig funktioniert, ist infam.

Arzneien dagegen zu nehmen hilft auch nicht; die in der Medizin enthaltenen Giftstoffe werden von den Nieren auf dem schnellsten Wege wieder abtransportiert. Am schlimmsten sind die wasserausscheidenden Mittel, die wir unziemlicherweise »Pinkelpillen« nennen und die einen alten Menschen unterwegs vor große Probleme stellen können. Wenn ich mit der Bahn verreisen muß, wage ich morgens keinen Tee mehr zu trinken – er ist schlimmer als Kaffee, und Yoghurt ist auch problematisch. Jedenfalls ist das meine eigene Erfahrung.

Du schwärmst nicht dafür, im Zug zu »gehn« (hach!) – nun, ich auch nicht, vor allem in letzter Zeit, wo die Gefahr ekelhafter Ansteckungen so groß geworden ist. Ich habe immer ein paar Kölnischwasser-Tüchlein bei mir, um nach all dem, was man zwangsweise anfassen muß, die Hände zu desinfizieren. Auf den Bahnhof-WCs sorgen gottlob immer noch die Toilettenfrauen mit Spray und Scheuerpulver für Hygiene.

Wir beide sind oft mit der Eisenbahn unterwegs und daher bestens darüber informiert, was und auf welchem Bahnhof Diesbezügliches geboten wird. Man bekommt auch Übung darin, sein ganz persönliches »Aushaltevermögen« zu berechnen.

Weißt du noch, wie es früher war? Wenn man auf dem Amsterdamer Hauptbahnhof »dringend mußte«, ging man ans Restaurant-Buffet und bat um den Schlüssel, und mit diesem Ding an einem Riesenholzklotz hatte man den ganzen Speisesaal zu durchqueren. Man kam sich vor wie ein bestraftes Kind. Und ganz früher gab es *zwei* Sorten von Toiletten – die einen waren für »Damen«, und es kostete ein Dubbeltje*, während auf den anderen »Frauen« stand und man nur fünf Cents zu bezahlen brauchte.

Ja, Taube, wir, die wir des Lebens Maienblüte längst hinter uns gelassen haben, müssen uns bei jedem Gang außer Haus fragen: Wo gibt's die nächste Möglichkeit zum »Austreten«? Man muß zum

* Ein Dubbeltje sind 10 Cents

Beispiel an einem naßkalten Tag zu einem Begräbnis – irgendwo ziemlich weit draußen, an einem unbekannten Ort. Die Frage ist: Kann ich das überhaupt? Schaffe ich es, wenn »nichts da« ist –?

Ich weiß noch, wie ich in den sechziger Jahren in Chikago war und mit meiner Freundin in die Kirche ging. Ich war baß erstaunt, als sie mir im Souterrain eine tadellos ausgestattete Toilette zeigte. Nun ja – heutzutage, wo sich immer mehr alte Menschen am ganz normalen Leben beteiligen, wird dem leidigen »Bedürfnis« auch immer mehr Rechnung getragen. Und du sagst es: Die Anzeigen in den Zeitschriften für Bejahrte bieten beruhigende Schutzmaßnahmen an (bis hin zum Gebrauch einer Art von Windeln) und versichern uns wiederholt und liebevoll ermutigend, daß wir nicht allein seien mit unserem Problem.

Was für eine unverschämte Tiefstapelei! Im Ernstfall ist man mutterseelenallein und muß in fliegender Eile seine Chancen selbst ausrechnen. Und manchmal begreift man nicht, daß es doch noch geklappt hat.

Weiß du noch – damals in Moskau?

Du hattest deine Medizin (oder war's eine Abführpille?) genommen, und mitten in der Stadt warst du auf einmal vollkommen ratlos. Nirgendwo ein Kaufhaus oder ein kleines Eßlokal, wohin du dich hättest retten können...

Und urplötzlich stand mitten vor unserer Nase eine öffentliche Bedürfnisanstalt.

Du weißt, daß ich ein nüchterner Mensch bin, aber dies halte ich nach wie vor für ein Wunder.

Anne

Liebe Ann –

eine öffentliche Toilette in Moskau – ja, aber was für eine! In dieser Hinsicht sind meine Erinnerungen an Rußland geradezu bizarr. Auffallend war zum Beispiel, daß in solchen öffentlichen Anstalten die Tür nicht verschließbar war. Mit Absicht wahrscheinlich, damit man sich dort nicht vor der Miliz verschanzen konnte; eine Erkenntnis, die meinen Zorn nur noch verdoppelte.

Im übrigen sind Toiletten nicht nur für Alte wichtig. Ich brauche da nur an meine damals dreijährige Tochter zu denken, die, wenn wir in der Straßenbahn saßen, mit schöner Regelmäßigkeit ein hochnötiges Bedürfnis anmeldete: »Mama, ich muß mal.«

Und was macht man dann als Mutter? Nichts, absolut nichts; man ist völlig machtlos. Aber die Mitfahrer sehen das natürlich anders. Sie gestanden mir nicht zu, daß ich nicht die geringste Schuld daran hatte – sie starrten mich wütend an und murmelten: »Unerhört!«

Eltern sind an allem schuld. Und eigentlich ist man als jeweiliger Elternteil sogar selbst davon überzeugt. Man hat den Kindern nicht die optimale Erziehung angedeihen lassen, wie sie einem – als man sich zur Elternschaft entschloß – vorschwebte.

Und darum macht man sich für alle möglichen unangenehmen Dinge, die den Kindern später passieren, auch selbst verantwortlich.

Ist das nicht sehr beruhigend, Ann, wenn man keine Kinder hat und einen niemand für irgendwas verantwortlich machen kann? Komisch, daß wir in vierzig Jahren tiefschürfender Betrachtungen über Moses und Propheten noch nie auf *dieses* Thema gekommen sind!

Ich würde meine Vergangenheit so gern mit halbwegs zufriedenen Augen betrachten können, aber leider erinnere ich mich nur allzu gut der vielen Gelegenheiten, bei denen ich meinen eigenen hochgesteckten Erwartungen keineswegs entsprach.

Manchmal verwünsche ich mein Gedächtnis. In wichtigen Augenblicken läßt es mich einfach im Stich – ja, manchmal vergißt es ganze Episoden. Wenn es sich aber darum handelt, mich an unangenehme Vorfälle zu erinnern, ist es prompt zur Stelle. Alle dramatischen oder melodramatischen Geschehnisse werden sozusagen breitgetreten: Was etwa soll man von einer Mutter halten, die mitten in der Nacht von ihrem vierjährigen Jungen gerufen wird und auf seine Mitteilung, daß er sich so schrecklich einsam fühle (in einem Schlafzimmer mit zwei weiteren Brüderchen), unwirsch antwortet: »Leg dich um Himmels willen sofort hin und schlaf!«

Hätte sie nicht anders reagieren können –? Nein, wahrscheinlich nicht. Mein Gefühl für Humor ließ mich in solchen Augenblicken einfach im Stich. Es wird so gewesen sein, daß ich schlaftrunken in mein Bett zurückgewankt bin, um wieder ins Vergessen einzutauchen...

Natürlich war es kein echtes Drama, und wenn ich über Dinge reden will, die unbedingt anders hätten verlaufen müssen, dann meine ich nicht so was. Dennoch verfolgen mich solche kleinen Geschehnisse noch nach Jahren – es sind Symptome. Vielleicht hatte unsere Generation eine viel zu hohe Vorstellung von dem Begriff »Mutterschaft«. Man war der Überzeugung, in jeder Minute bereitsein zu müssen. Und dieser Idealzustand war natürlich unerreichbar.

Womit ich nicht sagen möchte, daß man seine Zielvorstellungen zu niedrig ansetzen sollte. Alles, was zu einfach ist, verliert sehr rasch seinen Reiz, seine Herausforderung.

Aber die Pflicht, eine gute Mutter zu sein, wog schwer. Abstriche durften nicht gemacht werden. Wenn man dennoch auch andere Ideale im Kopf hatte, wurde einem das sehr übel vermerkt.

Und dann war plötzlich Krieg, und alles geriet in Bewegung und veränderte sich. Das Leben stürmte mit Forderungen auf uns ein, denen wir gar nicht gewachsen waren; alles war in seinen Grundfesten erschüttert – manches einfach auch hinfällig geworden. Und es hat lange gedauert, bis man endlich erkannte, daß viele Gedankengänge, die bis dahin als unumstößlich galten, revidiert oder angepaßt werden mußten.

Ich glaube, meine Schuldgefühle stammen alle aus dieser Zeit. Sogar Menschen, die mir nahestanden, hielten mir damals vor, ich setzte falsche Prioritäten.*

Und jetzt, da ich mich etwas eingehender mit der Materie »Wo liegt ›das wahre Leben‹ der Frau?« befasse – eine Frage an dich:

Stimmt meine Vermutung, daß auch dir – weil du es ablehntest, dein Leben »normal« zu leben – allerhand übelgenommen wurde? Oder blieb es erträglich?

Deine unangepaßte Taube

* bedeutet in diesem Fall: falschen Dingen den Vorzug geben

Ja, liebe Taube –

damit berührst du etwas, das früher einmal als heißes Eisen galt – heutzutage aber gottlob nicht mehr als anstößig betrachtet wird: Eine Frau zu sein, die eine Mutterschaft – das heißt: das Muttersein als höchste und einzige Lebenserfüllung – für sich selbst nicht unbedingt als Priorität (wie du es nennst) sieht.

Du warst Mutter und hattest Kinder, aber nebenbei *schriebst* du, was damals in den Augen deiner Umwelt ungehörig war.

Ich war »unverehelicht«, wie man meinen zölibatären Status abwertend zu nennen pflegte – bewegte mich in einer Zeitungsredaktion zwischen lauter Männern und mußte mich von einem Kollegen auch einmal anranzen lassen: »Was tust du eigentlich hier? Du solltest heiraten und Kinder kriegen!«

Zu jener Zeit begriff ich noch nicht, was mir heute überdeutlich ist: daß die Männer sich schon damals vor Frauen fürchteten, die es *ohne* ihre Hilfe schaffen – die notfalls überhaupt ohne Mann auskommen; und das meine ich im Hinblick auf den gesellschaftlichen Status der Frau, den Annie M. G. Schmidt in gewohnt feinsinniger Weise so umschreibt: »Ich bin eine Mevrouw* – dank der Stellung meines Mannes und (dem Sitz) meines Korsetts ...«

Zu Recht fragst du mich, ob es nicht ein sehr beruhigendes Gefühl sei, keine Kinder zu haben, für die man verantwortlich wäre. (Wie ist es möglich, daß wir uns schon so lange kennen und uns noch nie so richtig darüber unterhalten haben?)

Nun, die Dinge waren, wie sie waren; *du* hattest schönes dichtes Haar und ich nicht; also hattest du Mann und Kinder – ich nicht.

Doch im Ernst: Ich will offen bekennen, daß ich meine Kinderlosigkeit nicht als Mangel betrachte. Ich habe Kinder nie vermißt. Vielleicht hatte ich in meinem Leben einfach keinen Platz dafür. Eine Existenz als Journalistin kann einen für vieles andere unbrauchbar machen; zumal in den fünfziger und sechziger Jahren gab es einen Haufen tiefgreifender Neuerungen, bei denen ich sehr engagiert war. Als katholische Zeitungsjournalistin war ich eine ausgesprochene Seltenheit und wurde laufend für alle möglichen Aufgaben eingesetzt.

Aber natürlich hatte ich auch noch mein eigenes Leben: Einkaufen und Essen kochen, meine Kleider und die Wohnung versorgen und den Verkehr

* »Mevrouw« als Status bedeutet soviel wie »Gnädige Frau«. Im Zusammenhang mit Familiennamen wird das Wort aber auch als einfache Anrede benutzt – »Frau Schmidt« usw., aber auch für »Frau Professor«, »Frau Bürgermeister« pp.

mit Freunden und Verwandten pflegen – denn das wollte ich auf keinen Fall vernachlässigen. Manchmal begreife ich sowieso nicht, wie ich das alles geschafft habe, aber ich glaube, daß ich heute noch müde davon bin.

Und dann gab es ja auch noch die Männer, in die ich verliebt war...

Weißt du, was für ein Ideal ich als Backfisch hatte (damals nannte man die »Teener« so)? Ich wollte Großmutter sein, ein Spitzenhäubchen tragen und für meine Enkelkinder »borstplaat«* bakken. Letzteres habe ich ein einziges Mal versucht, aber es wurde nicht steif; Spitzenhäubchen habe ich mir aus Paris mitgebracht, wenn ich für meine Zeitung der halbjährlichen Modenschau beiwohnte. Sie liegen in einer Schublade und vergilben, aber ich mag mich nicht von ihnen trennen; ich bewahre sie ebenso liebevoll auf, wie man alte Ideale hütet. Jedenfalls, wenn man – wie ich – einen Hang zum Aufbewahren hat und romantisch veranlagt ist.

Was für meinen minimalen Bedarf an eigenen Kindern vielleicht auch eine Rolle gespielt hat, ist meine große und nur langsam heranwachsende Geschwisterschar; ich gehörte zu den ältesten. Immer gab es ein Baby mit all seinen liebenswerten

* karamelisierte Fondantmasse, die früher um die Sinterklaaszeit herum gekocht und zu Herzen oder Buchstaben geformt wurde

und rührenden Eigenschaften, an das ich mein Herz hängen konnte.

Ich habe dasselbe schon einmal von einer gesunden Bäuerin gehört; auch sie hat keine Kinder, ohne sie jedoch – wie sie sagt – zu vermissen. Auch sie war die Älteste in einer großen Schar von Geschwistern und mußte eine ganze Reihe von kleinen Brüderchen und Schwesterchen von Geburt an versorgen helfen. Sie hat – genau wie ich also – eine große Verwandtschaft mit vielen Vettern und Basen, und da gibt es für eine liebevolle Tante genügend junges Volk, das man ins Herz schließen kann.

Aber ich gebe zu, daß es trotzdem etwas anderes ist als mit den Nachkommen eigener Kinder; auch ich habe ja meine beiden »Nachbarenkel« David und Fred – der eine kurz vor und der andere etwas über Zwanzig, du kennst sie beide. Natürlich trage ich keine unmittelbare Verantwortung für sie; wie man sich als Mutter ja überhaupt mehr für seine Kinder als für die Enkelkinder verantwortlich fühlt.

Vielleicht hat unsere Generation tatsächlich eine überzeichnete Vorstellung von dem Begriff »Mutterschaft«; und vielleicht wurde auch der Aspekt des Beschützens zu sehr herausgestellt. Bei konsequenter Anwendung hätte es ja bedeutet, Tag und Nacht um die Kinder herum sein zu müssen wie die Glucke um ihre Küken; es hätte bedeutet, sie auch vor *den* Dingen behüten zu müssen, vor denen man sie einfach nicht schützen *kann*.

Heutzutage kommen die Kinder schon sehr früh mit den Problemen, dem Elend und den Ängsten der Außenwelt in Berührung, und das halte ich eigentlich für gut. Früher oder später müssen sie ja doch lernen, sich dagegen zu behaupten; wie dein damals vierjähriger kleiner Junge gegen seine Einsamkeit.

Übrigens habe ich noch nie eine Mutter (meine eigene inbegriffen) *nicht* sagen gehört, sie habe ihre Kinder falsch erzogen. Aber wer macht schon alles richtig! Und wo liegt der Unterschied zwischen dem, was damals richtig war – und dem, was wir heute als richtig betrachten?

Und sind etwa unsere Großmütter mit der Art und Weise, wie ihre Töchter und Söhne den eigenen Nachwuchs erziehen, einverstanden?

Ich höre es immer wieder: »Ich will mich ja nicht einmischen, aber…«

Deine Anne, die nicht Mutter war –
aber von Herzen gern
Großmutter gewesen wäre…

Liebe Anne –

apropos: »Ich will mich ja nicht einmischen, aber...«

Und dann sagt man eben doch wieder zuviel. Meine Mutter hat sich wirklich immer sehr bemüht, zu schweigen. Einmal, als wir ihr vorwarfen, sich zuviel in unsere Angelegenheiten zu mischen, rief sie voller Verzweiflung: »Und ich sage schon *nie* was!«, worauf ich unbarmherzig konterte: »Ja willst du dann *noch* mehr sagen –?«

Und wenn man auch tatsächlich keinen Ton verlauten läßt – eine unwillkürliche Gebärde kann deutlicher als Worte verraten, daß man mit irgend etwas nicht einverstanden ist; und die Art, etwas zu übergehen, kann ebenfalls Bände sprechen. Das sind nun einmal die großen oder kleinen Unebenheiten, in denen der Dialog zwischen den Generationen steckenbleiben kann.

Aber ich wollte dir eigentlich etwas von unserem Treffen mit den Amerikanern erzählen. Es waren Mitglieder des »elder hostel«*, eines Verbandes, der unter anderem auch Leute, die älter als fünfzig sind, in eine Reihe europäischer Länder entsendet, um sich dort zu informieren.

Wir – eine Gruppe niederländischer Senioren –

* Altenwohnheim

sollten an der gleichen Volkshochschule wie die Amerikaner ein eigenes Programm abwickeln und zwischendurch gemeinsam mit ihnen Teilaspekte bearbeiten. Aber unsere Leute glänzten durch Abwesenheit – es waren schließlich lächerliche fünf, die sich an das Projekt herantrauten; mit dem Erfolg, daß wir einfach der anderen Gruppe angegliedert wurden.

Stell dir vor: Fünf Niederländer gegen dreißig Amerikaner, darunter elf Männer, die danach lechzten, alle möglichen Fragen auf uns abzufeuern. Ehe ich mich versah, war ich mit einem Amerikaner in das niederländische Mist- und Düngeproblem verwickelt. Und wovon – wollte jemand wissen – lebt unsere Bevölkerung? »Von der Landwirtschaft«, wagte jemand zu sagen, aber später stellte sich heraus, daß unsere bäuerlichen Betriebe nur einen ganz kleinen Platz innerhalb unseres Bruttosozialproduktes einnehmen. Und dann die unvermeidliche Frage nach dem Standardeinkommen, über die ich auch in Rußland immer gestolpert bin. Was ist ein Standardeinkommen –? Wir Niederländer wissen alles über das Mindesteinkommen, und dann kennen wir noch das von Jan Modaal*, aber das liegt weit über dem Standard.

* niederländischer Begriff für den deutschen »Otto Normalverbraucher«

Später kamen Gott sei Dank noch ein paar ausgezeichnete niederländische Referenten hinzu, die sogar uns eine Menge Neues sagen konnten.

Und einmal sollten wir etwas über unsere Kriegserinnerungen erzählen; ein Thema, über das man hier kaum noch spricht, aber man merkte, daß die Amerikaner sich sehr dafür interessierten. Die meisten von den elf Männern hatten während des Zweiten Weltkriegs in Europa gedient.

Ich begann mit einem Bericht über meine denkwürdige Hochzeitsreise. Wir hatten am 1. Mai 1940 geheiratet, und unsere Flitterwochen endeten abrupt in einer mühevollen Flucht nach Hause.

Natürlich sprach man nur über besondere Zwischenfälle: einen Besuch – oder besser gesagt: das Eindringen der Polizei, ausgerechnet als wir einen Untergrundkämpfer beherbergten und wir noch so eben mit einem blauen Auge davonkamen. Oder über eine Geburt in jenem Hungerwinter, geleitet von einem Arzt, der eigentlich im Untergrund lebte, bei Notöfchen und Kerzenlicht – der einzigen Kerze, die man als Gebärende für diesen Zweck zugeteilt bekam.

Ich endete mit einer sicherlich angreifbaren Geschichte:

In unserer Nachbarschaft waren als Vergeltungsmaßnahme zwei Bürger erschossen und zwei Häuser niedergebrannt worden. Am Tage danach ging ich mit meiner Mutter und dem ältesten meiner drei

Kinder an den ausgebrannten Häusern vorbei und sagte zu meinem Jungen: »Schau hin … Da sind gestern einige der Unseren erschossen worden – das müßt ihr später einmal rächen.« Nicht sehr heldenmütig, ich weiß; es war der erbitterte, hilflose Zorn jener Zeit – immer wieder besiegt von der Angst. Meine Mutter rief entsetzt: »Aber so kannst du doch nicht mit einem dreijährigen Kind reden!«

Als ich es den Amerikanern erzählte, konnte ich auf einmal nicht mehr weitersprechen. Es kam mir selbst einigermaßen … nun ja: theatralisch vor, aber dazu scheine ich sowieso eine Veranlagung zu haben. Meine Zuhörer aber – und das hat mich zutiefst beschämt – dankten mir herzlich.

»Thank you for sharing with us«*, sagte Ruth. Nach vielen vergeblichen Versuchen kannte ich sie alle beim Vornamen. Und wir brauchten uns gar nicht besser vorzubereiten, sagte Bill – »Wir benötigen keine Zahlen – wir wollen Menschen kennenlernen.«

Sie meinten sogar, ich sollte ein Buch darüber schreiben. Bei den Amerikanern ist das Interesse an solchen Fakten zur Zeit viel größer als bei uns. Und genau das bestätigten sie uns auch.

Über allem Lamentieren sollte man nicht vergessen, daß zuweilen auch in unserer Zeit noch gute

* »Danke, daß du deine Erfahrungen mit uns geteilt hast.«

Dinge geschehen. Ich weiß natürlich, daß es auch *vor* dem Zweiten Weltkrieg solche freundschaftlichen Verbindungen von Mensch zu Mensch gegeben hat und daß wir dann trotzdem diese schrecklichen Jahre sinnloser Zerstörung erlebt haben. Dennoch: Die Begegnungen, bei denen man sich gegenseitig als *Mensch* erkennt und das geistlose »Amerikaner (Franzosen, Engländer, Deutsche, Italiener oder Russen usw.) sind so – Niederländer so« auf die Plätze verweisen kann, gehören zu den ganz wichtigen Chancen, die der Menschheit überhaupt noch bleiben.

Verblüfft hat mich die Bemerkung einer der Frauen, die Alten (merk auf!) »sollten nicht ungebührlich viel Aufmerksamkeit für sich selbst verlangen«.

Was sie damit meinte, stellte sich später heraus: Sie glaubte darauf hinweisen zu müssen, daß es unredlich sei, seine Forderung nach öffentlichen Geldern *auf Kosten* anderer wichtiger Projekte wie zum Beispiel »Kinder« oder »Schule« durchsetzen zu wollen.

Aber dieser Vergleich scheint mir zu hinken; hier bei uns haben die Alten vorläufig noch Sorge, einfach untergebuttert zu werden – und zwar auf ihre eigenen Kosten. Und letztlich geht es auch nicht nur um Geld, sondern um Ansehen und Würde alter Menschen – um ihren Anteil am Leben überhaupt. Doch davon abgesehen: Was in unseren Ohren unglaublich klingt, ist in den USA längst Wirklichkeit. Die Interessenverbände für Bejahrte bilden eine regelrechte Lobby, die einen festen Platz bei allen anstehenden Hearings oder Verhandlungen hat; sie haben EEN VINGER IN DE PAP* – sie »mischen vorne mit«.

Übrigens sind sie selbst der Meinung, daß ihr »pap« keineswegs zu mager sei (was aber wahrscheinlich nur für die Gruppen Bessergestellter gilt; die Sozialfürsorge für die vom Schicksal vernachlässigten ist *nicht* besonders üppig).

Aber ist es nicht ermutigend zu hören, daß mit einem bißchen mehr politischem Bewußtsein auch *wir* eine Gruppe werden könnten, mit der man zu rechnen hätte?

Heleen

* »Een vinger in de pap« (mit einem Finger im Brei sein) ist ein Synonym und bedeutet soviel wie: »Ich rede ein Wörtchen mit« oder: »Ich will auch meinen Senf dazutun ...«

diese Gruppe »alter« Amerikaner! Wie gern wäre ich dabei gewesen... Aber ich war auf meiner geliebten Watteninsel und beschäftigte mich mit dem Leviathan (wenn du weißt, was ich meine!).*

Ich kann mir so gut vorstellen, daß du bei dieser Kriegsgeschichte plötzlich nicht mehr weiterkonntest. Ähnlich geht es mir, wenn ich von den Care-Paketen erzähle, die am 2. Mai 1944 aus der Luft auf uns herabschwebten; ich muß jedesmal gegen meine Tränen ankämpfen. Wenn man darüber spricht, ist auf einmal alles wieder so lebendig – es ergreift einen mit voller Wucht.

Warum erzählst du mir nichts darüber, wie die Amerikaner aussahen? Du weißt doch, wie neugierig ich in dieser Beziehung bin!

Ich habe unlängst etwas gelesen über ein speziell für Senioren angelegtes Dorf irgendwo in den USA, in dem wirklich nur Alte wohnen. Ich finde es einfach umwerfend, wie sie sich – der Beschrei-

* Der »Leviathan« ist ein imaginäres Krokodil aus dem Alten Testament (Buch Hiob, Kap. 40 und 41). Sich mit ihm zu »beschäftigen« oder mit ihm zu »spielen« bedeutet in etwa, sich (beim Sammeln von Muscheln oder im Anblick der unendlichen Wassermassen des Meeres und der übermenschlichen Kräfte der Gezeiten) seiner eigenen Hilflosigkeit gegenüber der Natur bewußt zu werden und sich damit auseinanderzusetzen.

bung nach – dort geben: dicke Frauen in lila Shorts und gelben Polohemden; völlig unbeschwert und nach dem Motto: Es ist mir schnurzegal, was du von mir denkst – ich fühle mich wohl in meinen Klamotten. Überhaupt: Ich finde die Amerikaner, soweit ich sie kennengelernt habe, einfach entwaffnend; Leute, die immer das abwertende Klischee »die Amerikaner« im Munde führen, waren bestimmt noch nie drüben und haben somit auch nie erfahren, wie vergnüglich es sein kann, mit Amerikanern zu leben.

Trotzdem: Daß sich eine der Teilnehmerinnen so offen von der wachsenden »grauen Lobby« distanzierte, finde ich merkwürdig.

Es scheint, daß die AARP* mit ihren jetzt schon 18 Millionen Mitgliedern und – wie ich kürzlich in der Zeitung las – »täglichem Zuwachs von mehreren Tausend« auf dem besten Wege ist, eine einflußreiche Interessengruppe zu werden.

Bei eurem Treffen ging es ja wohl ausschließlich darum, amerikanische Senioren wissen zu lassen, was sich in unserem Lande auf diesem Gebiet so tut.

Nun, im Vergleich mit ihnen sind wir kleine graue Mäuse, die sich vorsichtig aus ihren Löchern wagen und erstaunt ins Licht blinzeln – sich dann aber ein

* Amerikanischer Pensionärsverband

ums andere Mal um ein Trippelschrittchen weiter vorwärtsbewegen. Doch wir befinden uns immer noch mitten in der sogenannten »Bewußtseinsfindung« – etwas, das für andere längst »Schnee von gestern« ist.

Vor fünfzehn Jahren einmal habe ich meine jüngere Schwester in den USA besucht. Sie wohnte in einer kleinen Universitätsstadt des Middle West und gehörte einem Komitee an, das sich um die Bejahrten der Stadt kümmerte. Sie nahm mich zu jeder anstehenden Versammlung mit, und ich wurde auch prompt jedes Mal für die zuständige Seniorenzeitschrift interviewt. Von der Stadt bekam ich (damals 67) eine Senioren-Monats(frei)karte für den Omnibus; ich habe sie noch – ich hebe sie auf wie alles, das mich an etwas Besonderes erinnert.

Als ich 1966 zum ersten Mal drüben war, nahm meine Gastgeberin mich zu einer Ausstellung in Chikago mit. Das erste, was mir dort ins Auge sprang, waren die vielen weißhaarigen Damen in blauen Uniformjacken, die Eintrittskarten verkauften, Auskünfte erteilten oder einfach etwas »bewachten«; »... lauter Freiwillige«, sagte man mir – Frauen, die sich gern irgendwo irgendwie nützlich machten.

Diese Zurkenntnisnahme des Altwerdens und der gleichzeitige Wunsch, den letzten Lebensabschnitt sinnvoll zu nutzen, war für mich etwas vollkommen Neues.

Inzwischen hat sich das Neue in rasantem Tempo fortentwickelt, aber es hat auch einen kleinen, fast erschrockenen Schlenker eingelegt: Es ist Mode geworden, sein zunehmendes Alter durch betont jugendliches Aussehen zu kaschieren; eine Goldgrube für Schönheitschirurgen und für die Kosmetikindustrie.

Was man darüber so alles liest, läßt einen manchmal mit den Ohren schlackern. Nicht nur das »face« wird geliftet, sondern alles, was wabbelt und hängt – an welcher Stelle auch immer: Messer hinein, das Fell glattziehen – fertig ist die Babyhaut. Sie schrecken vor nichts zurück.

Als ich es las, fiel mir eine nette Geschichte aus den sechziger Jahren ein. Sie stammt von dem englischen Schriftsteller mit Namen Sitwell (er besitzt einen ganz köstlichen Humor!) und handelt von einer amerikanischen Touristin, die während einer Führung durch eine alte englische Kirche ihrer Freundin etwas sagen will – aber nur flötende Geräusche zustande bringt; ihre Gesichtshaut ist beim letzten *face-lifting* so sehr gestrafft worden, daß sie ihren Mund nicht mehr bewegen kann. Und da muß ausgerechnet der Küster auf sie zukommen und sie mahnen: »Wir sind hier in einer Kirche, Ma'm – unterlassen Sie bitte das Pfeifen!«

Aber zurück zum letzten Satz deines Briefes. Du weißt, wie ich jedesmal jubiliere, wenn ich etwas über mutige Senioren lese und über das, was sie im

Verein mit Gleichgesinnten zuwege bringen – wie es mich andererseits aber auch lächert, wenn ich vernehme, daß mehrere Millionen Gulden bereitgestellt werden für ein »Stimulierungsprogramm zur Gesundheitsvorsorgeuntersuchung«, in dem unter anderem auch die Depressivität bei alten Menschen untersucht werden soll.

Wahrhaftig – darüber könnte ich ihnen eine ganze Menge erzählen, und es würde sie nicht mehr kosten als den Preis des Portos für einen Brief an die geriatrischen Experten; ich würde ihnen schreiben, daß alte Menschen – vornehmlich diejenigen unter ihnen, die keinen Glauben haben – depressiv sind, weil ihre Lebenserwartung mit jedem Tag kleiner wird. Und daß es in dieser Gesellschaft von Einzelgängern kein Vergnügen ist, alt zu werden. Es gibt keine Geborgenheit mehr.

Deine stets kritische Ann

Liebe Ann,

wie unliebenswürdig von uns, über Dinge wie *face-lifting* und viele andere Versuche, der Zeit Paroli zu bieten, zu spotten! Das tun doch die Resultate oft genug schon selber: Ein altes Gesicht ohne Falten hat etwas Lächerliches – zum Beispiel. Es sieht aus, als hätte der tüchtige Chirurg zugleich mit den Falten auch einen Teil der Ausdrucksmöglichkeit wegoperiert.

Ich habe mich erst kürzlich in Gesellschaft einer derart verschönerten Dame befunden (warum übrigens sage ich »Dame« und nicht »Frau«? Ich ärgere mich doch sonst so über die Bezeichnung »Dame« – könnte es sein, daß ich dieses Wort ganz automatisch mit dem *face-lift* in Verbindung bringe –? Ist jemand mit einem gelifteten Antlitz *eo ipso* eine Dame?)

Sie war alt, aber nicht uneben. Auf ihrem retouchierten Gesicht allerdings lag ein Ausdruck der Verblüffung.

Normalerweise finde ich es nett, wenn jemand das Staunen noch nicht verlernt hat; kann man sich etwas Entzückenderes vorstellen als das unschuldigreine Staunen auf einem Kindergesicht?

Oder andersherum: Es gibt nichts Unerfreulicheres als jemanden, der sich über nichts mehr wundert – der alles schon gesehen hat und der Welt mit diesem stumpfsinnigen »Das weiß ich alles längst«-Ausdruck entgegentritt.

Aber im Fall obiger Dame war es kein inniges, gefühlvolles Staunen – es war ein puppenhaftes, fast blödes Nichtbegreifen, und ich beschloß innerlich (zum soundsovielten Mal): Nein, danke – für mich kein *face-lift!*

Nun ja, du weißt wie ich darüber denke. Um so mehr wird es dich *jetzt* verwundern, daß ich plötzlich bekenne, Unrecht zu haben. Wenn ich über unsere vergreisende Weltbevölkerung nachdenke, komme ich zu dem Schluß, daß man chirurgische Eingriffe nicht unbedingt als pures Jüngerseinwollen betrachten sollte. Man könnte es auch als eine Maßnahme verstehen, Gesicht und Körper, die so unerwartet viel länger vorhalten müssen, als ursprünglich einmal vorauszusehen war, ein wenig zu überholen, zu reparieren. Und vielleicht tut man es nicht einmal, um Eindruck auf andere zu machen, sondern um im Spiegel nicht immer dieses trostlos ermüdete Gesicht sehen zu müssen.

Und ich bin vermessen genug zu glauben, daß die »neuen Alten«, über die wir so gern reden, in absehbarer Zeit viel weniger Probleme damit haben werden: Ab in die Revision, so wie wir es dem Haus, dem Pkw oder dem Fernseher angedeihen lassen. Im gleichen Rhythmus wird man dann auch seinen Termin mit dem Meister für plastische Chirurgie verabreden; ein Fältchen hier – eine Runzel da...

»... jetzt sehen Sie wieder aus wie neu. Auf Wiedersehn, gnä' Frau... Mein Herr: Bis demnächst.«

Was mir allerdings *nicht* gefällt, ist die Tatsache, daß es sich um eine regelrechte Operation handelt. Ohne Not fügt man sich Aufregung, Schmerz und erzwungene Bettruhe zu. Und ich habe von all dem schon so viel mitgemacht und so viele Krankenhäuser von innen gesehen!

Ach Ann – die Menschen sind eigentlich richtige Helden. Ich erinnere mich einer Bekannten meiner Mutter (es ist bestimmt schon mehr als sechzig Jahre her), die ihr Gesicht »schälen« ließ – »Peeling« heißt das heutzutage wohl und ist nicht einmal eine große Aktion, aber damals waren solche »Operationen« noch völlig unbekannt.

Niemand wußte, auf was sie sich da einließ – sie konnte auf keinerlei Erfahrungsberichte zurückgreifen, konnte mit niemandem darüber sprechen und mußte sich einfach den Händen dessen anvertrauen, der die gruselige Behandlung durchführen würde.

Und vor noch längerer Zeit die damals brandneue Tortur, die man als »permanent wave«* bezeichnete. Es war ein Drama. Es war nicht nur die

* »dauerhafte Wasserwelle«, wie die erste Dauerwelle genannt wurde

erste Dauerwelle für meine Mutter, sondern leider auch die erste für den Frisör. Es dauerte Stunden – alles lief anders, als der Figaro es sich vorgestellt hatte, und es wurde Abend, bis meine Mutter endlich heimgewankt kam.

All die Zeit über war mein Vater wie ein gereizter Löwe durch die Wohnung getrabt. Seine verschiedenen Telefonanrufe beim Frisör blieben ohne vernünftige Auskunft – der Kerl wollte nicht einmal selbst an den Apparat kommen und ließ seine Frau jeweils ausrichten, meine Mutter sei »noch da«.

Wirklich, Ann – es waren Pioniere, aber niemand hat sie je gewürdigt. Man lachte oder feixte darüber – genau so, wie wir es heute über *face-lifting* oder all die anderen Hebe- oder Glättungsmanöver tun.

Deine unretouchierte Taube

Ja, Taube –

du siehst das sehr vernünftig, mit den Augen unserer Zeit – sehr tolerant. Doch abgesehen davon, ob ein *face-lift* wirklich verschönt oder einem nur eine unpersönliche Grimasse beschert: mir schaudert bei dem Gedanken, da man zum ersten Mal in den Spiegel blickt und sich mit dem Unwiderruflichen konfrontiert sieht…

Und wie man – wenn man in seine gewohnte Umgebung zurückkehrt, möglichst unbefangen auszudrücken versucht, daß man um sein gutes Aussehen wisse – »…oja, in diesem Urlaub hab' ich mich phantastisch erholt…«

Aber es stimmt – zu gegebener Zeit muß man tatsächlich etwas für sein Erscheinungsbild tun. Ein Fahrzeug, ob es nun rollt oder fliegt, unterliegt dem Verschleiß. Uns Menschen ergeht es da nicht viel anders – nach all den Jahren des Sichfortbewegens sind wir »körpermüde«; unsere Außenseite muß überholt – die Furchen müssen geglättet werden. Und nicht nur das. Wir lassen uns Zahnprothesen anfertigen, tragen Schuhe mit Einlagen und legen uns Hörgeräte zu (an die man sich entweder sofort gewöhnt oder nie). Unser Innenleben unterstützen wir mit Herzschrittmachern sowie Plastikröhrchen als Darm- oder sonstigen Ersatz. Außerdem haben wir künstliche Hüftgelenke.

Ich kann dir – über den Daumen gepeilt – sieben oder acht Frauen zwischen sechzig und neunzig Jahren nennen, die mit ihrer Austauschhüfte wieder ganz normal laufen können; einige brauchen zur Unterstützung vielleicht einen Stock – aber wem das zu auffallend ist, der kann ja auch einen eleganten Stockschirm nehmen; so wie es meine närrische Kusine in ihren letzten Jahren tat.

Was (in unserem Alter) die Gefahr bei einer Hüftgelenkoperation betrifft – die Narkose: Seitdem kürzlich eine Achtzigjährige fröhlich mit einem frischgepflückten Blumensträußchen hereinstapfte und mir von ihren Erfahrungen bei einer Hüfterneuerung erzählte, ist die Narkose für mich kein Schreckgespenst mehr. Obwohl ich andererseits heilfroh bin, bei mir selbst noch keine Verschleißerscheinungen mit all den möglichen Konsequenzen feststellen zu müssen.

»... als ob neben einem das Haus abgebrochen würde«, sagte sie unbekümmert, »sie zimmern, sägen, hämmern und brechen...«

Ich war baß erstaunt.

»... und ich wollte partout keine Vollnarkose. Also gaben sie mir eine Spritze, und ich wurde von der Mitte bis zu den Zehen gefühllos. Und nachdem alles fertig war, sagte der Chirurg munter: ›So – alles in Ordnung, Mevrouw.‹

Ein Jahr später ging es mit meiner anderen Hüfte

genauso. Aber die Teilnarkose muß man ausdrücklich verlangen; Vollnarkose ist dem Chirurgen natürlich lieber, dann hört der Patient wenigstens nichts von seinem Gefluche, wenn er sich schneidend, brechend und bohrend abrackert. Aber es ist ja auch eine knifflige Angelegenheit, und alle sind gespannt und – nun ja, dann kommt auch was dabei heraus...«

Weißt du noch, Taube, damals, in Moskau? Unsere Koffer sollten um Punkt sechs fertiggepackt in der Halle stehn, aber jemand hämmerte bereits um halb sechs rücksichtslos gegen unsere Tür. Nervös und gehetzt, wie ich ohnehin schon war, machte es mich rasend vor Wut – ich habe geflucht wie ein Bierkutscher!

Und du warst total verblüfft, so kanntest du mich gar nicht...

Nun, die Achtzigjährige erzählte mir die Geschichte ihrer Hüfterneuerung ebenso gleichmütig und locker, als ginge es sie persönlich gar nichts an; ganz so, als sei nur ihre Wohnung renoviert worden. Ich könnte mir vorstellen, daß sie mit ihrer Lebendigkeit, ihrem Humor und ihren fröhlichen Augen ein richtiges Labsal für den Chirurgen war.

Du kennst sie übrigens auch. Sie schrieb uns – nachdem sie ›Wo ist denn meine Brille?‹ gelesen hatte – einen langen Brief, in dem sie uns dringend riet, eine Kur in Frankreich zu machen; sie befand sich selbst gerade dort und fährt auch jedes Jahr wieder hin. Sie hatte sich meines Namens erinnert, weil sie als siebenjähriges Mädchen ganz in unserer Nähe gewohnt und mit mir gespielt hat.

(Was für überraschende Briefe wir schon von Leserinnen bekommen haben, die sich deiner oder meiner von früher her erinnern und uns jetzt in unserem Buch als Greise wiederfinden!)

Als ich sie durch den Garten zu ihrem Auto zurückbrachte, sprang – laut bellend vor Freude – ein putziges weißes Hündchen gegen das Türfenster.

»Ach, ist das niedlich«, rief ich, »ein richtiges Spielzeughündchen – zum Streicheln lieb! Hätten Sie es doch mit hereingebracht...«

»Ja, er ist ein kleiner Schatz – er stammt aus dem Tierheim, hat vorher einem Mann gehört, der ins Altersheim mußte. Wenn ich irgendwo bin, bleibt er brav im Auto. Nur wenn ich meine alte Freundin besuche – sie ist geistig umnachtet und lebt in einer Anstalt –, werde ich an der Rezeption immer wieder gebeten, den kleinen Kerl mit hereinzubringen... Die dahindämmernden alten Menschen sind ganz glücklich, wenn sie das zutrauliche Tierchen eine Weile auf dem Schoß halten dürfen... Und *er genießt* es!«

Weißt du, Taube – da mußte ich unwillkürlich an unsere alte Freundin denken, die so schlecht laufen kann: an sie und an das Kaninchen, das sie bei sich im Zimmer hat.

Ach, diese unschuldigen kleinen Trostspender, wenn man alt ist und allein.

Deine Ann

Liebe Ann –

»... let it be, let it be –« singen unsere Zwillinge voller Inbrunst. Sie sind echte Beatle-Fans, ein bißchen zu spät vielleicht, aber – nun ja: früher waren sie eben nicht auf der Welt.

Zum Glück liebe ich sie selbst, diese Lieder; die zwei mögen es laut und deutlich, und wenn wir im Auto bleiben und auf die einkaufende Mama warten müssen, steht die Lautstärke der Kassette im Rechtsaußen. Mama hat sie – um die Zwillinge bei Laune zu halten (und somit die Oma zu schonen) – vorsorglich so eingestellt.

Aber irgendwie läuft dann doch alles schief. Bobby bricht mitten in »love was such an easy game to play« ab (bei dieser Tonfolge hat er meistens Koordinationsprobleme) und verkündet, daß er bis achtzig zählen kann. Ich zeige mich gebührend beeindruckt, und sofort bietet er mir eine Probe seines Könnens an.

Hätte ich doch nur gesagt: »Gleich, Liebling – laß erst die Beatles zu Ende sein –«! Aber ich sagte: »Ach ja.«

Und Bobby legt los: »Eins, zwei, drei, vier fünf...«

Gleichzeitig aber fängt seine Schwester Heleen an zu heulen, weil sie aus dem Takt kommt. Bob zählt unbeeindruckt weiter, achtzig Takte Qual – ach was: viel, viel länger, denn er zählt nicht besonders flüssig; doch als er dann endlich aufhört, hat die Kleine sich noch lange nicht ausgeweint.

Findest du's nicht närrisch, daß ich so wild auf diese Art Lieder bin? Text und Melodie sind mir wie auf den Leib – nein: aufs Herz geschrieben. Ich *liebe* das Flair von Wehmut, womit sie mich anrühren: ›Yesterday –‹, ›The way we were‹, ›... as time goes by ...‹

Ach ja, die Zeit, die einfach immer weitergeht – unerbittlich und unwiderruflich, aufschäumend und wieder verebbend ...

Es ist noch keine zwei Jahre her, daß die Zwillinge und ich noch tief in der Welt der Phantasie verhaftet waren.

Wir saßen zusammen auf dem Sofa – und ohne daß wir etwas verändern mußten, war es auf einmal ein Schiff. Wir hatten sogar eine Kombüse, und der kleine Junge angelte auf dem Parkett Fische – alle möglichen Sorten, die er und sein Schwesterchen dann knusprig braun brieten. Sie klatschten immer Haufen Butter in die Pfanne, und hinterher aßen wir Obst und Pudding und Eis. Zuvor mußte natürlich jeder sagen, was für Fisch, Obst, Pudding oder Eis er haben wollte – für Heleentje *die* Gelegenheit, wieder in Schluchzen auszubrechen (sie ist Weltmeister im Schluchzen!), weil der gefühllose Zwilling ihr Kirschen reichte, wo sie ausdrücklich

Erdbeeren bestellt hatte. Es machte gar nichts, daß alles nur in unserer Phantasie bestand: »*Erdbeeren* hab' ich gesagt!« keifte sie schneidend; sie war richtig wütend.

Manchmal stürmte es, und das Schiff geriet ins Wanken, und manchmal sahen wir riesige Fische vorbeischwimmen. Jeder bestimmte selbst, was er sah und wie es hieß. Nie mußten wir Hunger oder Durst leiden – wir hatten Kaffee und Tee, Fettkrapfen und Limonade und alles schmeckte wunderbar; alles war möglich – Zweifel gab es keine.

Dann aber kamen die Fragen – sie wollten wissen, was es wirklich gab und was nicht. Die Fragen läuteten den Auszug aus dem Paradies ein, aber das erkannte ich erst später.

Einmal, als mein geliebter kleiner Enkel im Begriff stand, das Haus zu verlassen, wandte er sich um, und in seinen großen Augen – von seinen Brillengläsern noch vergrößert – lag Kümmernis: »Gibt es Kircheneulen *wirklich?*«

Mit der Hand auf dem Herzen konnte ich ihm versichern, daß es so sei.

»... und Fliedermäuse: die auch –?«

»›Fledermäuse‹ – ja«, verbesserte ich gerührt und nicht allzu nachdrücklich. Ich hatte immer eine große Schwäche für »Fliedermäuse«. Und auch diese Sorte Mäuse gibt es ja in Wirklichkeit – in dieser Wirklichkeit, die sie jetzt zu entdecken beginnen; jetzt allerdings mit viel strengeren Maßstäben als früher, da wir Fische angelten und uns mit Früchten beschenkten.

Und wenn ich bedenke, daß nun auch diese Phase vorbei ist … Ganz verschwunden ist die Phantasie noch nicht, aber sie belastet die Wirklichkeit viel mehr als früher. Manchmal sinniere ich ein wenig traurig: »As time goes by…«

Mit wem soll ich jetzt noch heimlich ins Reich der Phantasie schlüpfen, wo Siebzigjährige nur in Begleitung von Kindern Zutritt haben –?

Deine Taube

Liebe Taube –

nach allem, was du von deinen Zwillings-Enkelchen erzählst, müssen die beiden lebensprühenden Wesen ein Quell der Freude für dich sein. Aber besitzen nicht alle kleinen Kinder eine solche Phantasiewelt? Sie sind noch so fest verbunden mit der Unwirklichkeit, aus der sie gekommen sind, und noch nicht verdorben durch unsere rationale Einstellung zum Leben.

Freilich – deine beiden haben ja auch eine besondere Großmutter; versuch ja nicht, es abzustreiten. Du spielst ihre Traumspiele so herrlich mit, fängst die Bälle auf und wirfst sie zurück, ohne dich selbst dabei zu ver»kleinern«. Du bist einfach Teil ihrer Spiele; und Kinder, da sie »echt« genau von »unecht« zu unterscheiden wissen, spüren das sofort.

Und du bist ja auch keine Großmutter, die irgendwo in der Ferne existiert und die sie nur ab und zu besuchen dürfen. Du bist einfach da und warst das immer – von ihren ersten Lebenstagen an. Sie haben neben Vater und Mutter auch die Oma, ganz und gar für sich allein und in unmittelbarer Nachbarschaft, und sie unternimmt jeden Tag etwas mit ihnen, Nützliches oder Unbeschwertes.

Ich glaube, für Kinder ist es von unschätzbarem

Wert, in der Nähe des »dritten Lebensalters« aufzuwachsen – des »troisième age«, wie die Franzosen ihre Alten so galant nennen.

Ich wüßte übrigens gern, wie groß der Einfluß all der französischen Großmütter, die eine so wichtige Rolle im französischen Familienleben spielen, auf das französische Volk in seiner Gesamtheit wirklich ist.

Habe ich dir einmal davon erzählt, wie sehr ich es betrauere, keine meiner Großmütter gekannt zu haben? Ich kannte nur die beiden alten Großväter. Was eigentlich recht ungewöhnlich ist, denn meist sind es die Großmütter, die länger am Leben bleiben – Frauen sind nun einmal stärker. Und darum wird es – trotz des Männerüberschusses der letzten vierzig Jahre – immer einen Großmütterüberschuß geben; und das ist gut so. Sie sind eine Bereicherung für die Gegenwart, die von allem so voll ist, so intensiv und dennoch so bröckelig und flüchtig, daß die Stabilität eines Menschen, der dies alles bereits erlebt und verarbeitet hat, eine Art Oase darstellt.

Großmütter erkennen die Relativität der Dinge – und das vermittelt ein Gefühl der Sicherheit; sie sind der Zufluchtsort, der in unserer Zeit mehr Bedeutung hat denn je.

Daß sie gegenwärtig viel jünger sind – nicht nur an Jahren, sondern auch in dem, was sie unternehmen, daß sie lange Hosen tragen und vielleicht sogar das gleiche Polohemd wie ihre Enkelinnen – kann nur ein Gewinn sein. Sie sind nicht mehr so unnahbar wie früher. Du kennst ja auch die Berichte über junge Menschen, die plötzlich »in trouble«* sind und die – wenn sie es dann eingestehen – bei Vater und Mutter kein Verständnis finden und sich in ihrer Not an die Oma wenden, die ihr Enkelkind ohne viel zu fragen in die Arme nimmt.

Eigentlich bist du eine Art Experte für Enkelkinder – du hast sie ja in allen Altersstufen: von Kleinkind bis Teenager und älter.

Ich erinnere mich einer deiner vergnüglichsten Geschichten: Du warst mit dem Teenager im Kino, und als der ziemlich anstößige Film vorbei war, fragte er dich, wie er dir gefallen habe.

Du: »Nicht besonders.«

Und als er es seinen Freunden weitererzählte, lachten sie: »Ja, Menschenskind – deine *Oma* hättest du auch nicht mitnehmen dürfen.«

*Honni soit qui mal y pense.***

Aber ich will noch ein bißchen bei dem Großmutterthema bleiben, Taube. Wenn ich erst einmal an dieser Schreibmaschine sitze (der alten, weißt du, auf der ich mich immer vertippe; sie besitzt keinerlei computergesteuerte Berichtigungstaste oder so was, aber jemand hat sie »das Piano meiner

* sprich: Trabbel (Begriff aus der Umgangssprache moderner Jugendlicher für »in der Klemme sitzen«)

** »Ein Schuft, wer sich Böses dabei denkt.«

Seele« genannt –), würde ich am liebsten gar nicht mehr mit dem Schreiben aufhören.

Du berichtest über die imaginäre Welt, in der deine kleinen Zwillingsenkel leben. Kannst du dir noch vorstellen, wie das in deiner eigenen Kinderzeit war? Von mir selbst weiß ich darüber nichts mehr. Das einzige, was ich nie vergessen habe, waren meine heimlichen, unwirklichen Kinderängste. Abends, wenn ich in meinem Kinderbett lag, habe ich Todesängste ausgestanden, die Welt könnte durch einen Vulkanausbruch untergehen. Meine Schwester und ich schliefen in einem Zimmer direkt über der Küche, in der die Mägde abends fleißig an der Handnähmaschine arbeiteten, die auf einem großen hölzernen Küchentisch stand. Das dumpfe Brummen, Zittern und Rumpeln stürmte auf mich ein wie die schreckliche Bedrohung eines feuerspeienden Berges (wie man das damals nannte).

Es muß um die Zeit gewesen sein, als der amerikanische Vulkan HELENA ausgebrochen war – sicher hatte ich die Leute darüber reden gehört.

Ich weiß noch, daß ich nie gewagt habe, über meine Angst zu sprechen (Futter für Psychologen!) – aber vielleicht resultiert eben daraus mein Lebenswunsch, eine Islandreise zu machen; was ich mir, wie du weißt, zu meinem fünfzigsten Geburtstag geschenkt habe.

Du liebe Zeit – was für ein Brief!

Deine Ann

Liebe Ann –

vielleicht enttäusche ich dich mit dem, was ich dir jetzt erzähle, sehr:

Als Kind – das genaue Alter weiß ich nicht mehr, aber es muß *vor* meinem fünften Lebensjahr gewesen sein – wollte ich nichts lieber werden als ein anständiges Fräulein mit sechs rosa und sechs hellblauen Flanellkleidern. Ob Psychologen so was auch mögen?

Jemand, der so schlampig und nachlässig aufgewachsen ist wie ich – die (um ein Beispiel zu nennen), wenn sie verreisen will, die Entdeckung machen muß, daß die auf der letzten Reise entstandenen Schäden an ihrer Garderobe noch nicht ausgebessert sind...

Aber ich kann dir wenigstens erklären, *woher* mein Wunschtraum stammt:

Eine Zeitlang hatten wir zu Hause eine unheimlich ordentliche Hilfe, und meine Mutter zählte begeistert immer wieder die vortrefflichen Eigenschaften dieses Wunderwesens auf; die Flanellkleider gehörten dazu – sie lagen in akkuraten Stapeln in ihrem Schrank.

Das Komische dabei ist, daß ausgerechnet solche prosaischen Dinge einen so überwältigenden Eindruck auf mich machten – bei meinem Naturell (siehe oben)!

Weitere Phantasien betrafen meine Zukunft: Ich wollte Verkäuferin in einer Konditorei werden. Ist das nicht schauderhaft?

Andererseits weiß ich noch ganz genau, daß ich den Nikolaus gesehen habe, wie er abends über die Dächer auf der anderen Straßenseite ritt. Buhmänner kenne ich übrigens auch, und überhaupt war ich Spezialist in Alpträumen. Die schlimmsten davon hatten jedes Mal Beziehung zu einer Art Razzia, bei der wir alle mitkommen mußten – aber im nachhinein weiß ich nicht mehr so recht, ob ich das wirklich regelmäßig träumte oder ob es ein Einmal-Traum war, in dessen Verlauf ich das Gefühl hatte, diese Situation schon verschiedentlich mitgemacht zu haben…

Der Stoff, aus dem die Träume sind: Staub von Schmetterlingsflügeln oder die Seidenfäden eines Spinnennetzes. Man nimmt es wahr, doch wenn man es mit Händen greifen will, ist es bereits verweht, verschoben oder zerrissen.

Traumdeuter reden gern von den »großen, richtungweisenden« Träumen, die etwas zu erkennen geben, was im Unterbewußtsein strudelt und kocht.

Als ich fünf Wochen nach einer Augenoperation zum ersten Mal wieder in meiner eigenen Wohnung schlief, sah ich im Traum aus großer Höhe den Erdball unter mir verschwinden. Es war sehr beängstigend – vielleicht ein Sinnbild jener Zeit, die von nichts anderem so sehr geprägt war wie von Angst und Unruhe.

Was ich bedauere, ist der mit dem Alter wachsende Verlust an Phantasie. Wenn meine jüngsten Enkel beim Mittagsmahl hinter einem Teller hokken, der einfach nicht leer werden will, und die Oma um eine spannende Geschichte anbetteln, glaube ich zu bemerken, daß meine Stegreifschöpfungen von sehr viel schlechterer Qualität sind als früher. Aber sie merken es Gott sei Dank nicht – sie haben nicht einmal etwas gegen Wiederholungen; also tische ich ihnen immer wieder die Geschichte von dem kleinen Jungen auf, der mit seiner Oma über einen Fluß mit einem riesigen Krokodil springt. Das Untier schläft – sie springen auf seinen Rücken und hüpfen über all seine Höcker hinweg zum anderen Ufer, wonach es dann erwacht und ein fürchterliches Wutgebrüll anstimmt, weil es diese leckeren Happen einfach hat entwischen lassen.

Vorbei ist auch die Zeit, daß ich – wenn ich mich schlafenlegte und die Augen schloß, mir sofort wundervolle Bergpanoramen vorstellen konnte. Ich trage sie einfach nicht mehr in mir, diese Fernblicke – die Seen, Berge und Bäume…

Vielleicht ist das einer der Gründe, weshalb alte Menschen so gern verreisen: Sie füllen ihren Vorrat an Phantasie auf.

Übrigens wurde meine Woche in Portugal, wo

ich meine Phantasie auffüllen wollte, durch allerhand Schwierigkeiten getrübt.

Aber ich kann mich ohnehin nicht besinnen, jemals eine Reise angetreten zu haben, bei der ich *nicht* bis zum letzten Augenblick hin und her gerannt wäre, um Vergessenes zusammenzusuchen. Es ist mir einfach nicht vergönnt. Ich setze mich in den Zug mit dem Gedanken, daß ich besser zu Hause bliebe. Ist das nun Sinn für Realität oder ein Charakterfehler? Selbst wenn meine Umgebung mir gutmütig zugesteht: »Du bist wirklich urlaubsreif –«, notiere ich in meinem Hinterkopf: »Nun ja – aber es ginge auch ohne.«

Deine unordentliche Heleen

p. s.: Was den Film betrifft: Er fragte mich, ob ich ihn »zeitgemäß« fände (das, was sie heute als »in« bezeichnen). Ich habe ihm geantwortet, daß ich in meinem ganzen Leben noch keinen so schlechten, schlecht gespielten und schlecht geschriebenen Film gesehen habe. Es war absoluter Mist.

Liebe unordentliche Taube –

glaubst du nicht auch, daß man im Alter ganz von selber unordentlicher wird? Was immer man auch tut, denkt, beginnt, vergißt oder sich vornimmt – es verheddert sich zuweilen genauso wie ein Knäuel Strickgarn, das nicht richtig aufgerollt worden ist.

Tröste dich mit mir! Ich bin sowieso davon überzeugt daß zunehmende Unordnung für uns beide, die wir immer etwas zu hoch und zu weit greifen, unvermeidlich ist.

Und was dein stetes Gefühl anlangt, eigentlich kein Recht zum Verreisen zu haben: Wir beide stammen noch aus einer Zeit, in dem unser Umfeld mit allem, wofür man verantwortlich war, schwerer wog als das eigene Interesse. Wir sind eben nicht im Ich-Zeitalter aufgewachsen – und das bleibt haften.

Aber ich habe lange darüber nachgesonnen, daß du ein Schrumpfen deiner Phantasie festgestellt haben willst und es deinem Alter (dem Alter als Ursache überhaupt) zuschreibst. Ist das denn wirklich so? Redest du es dir nicht einfach ein, daß deine Einbildungskraft nachließe (kreative Einbildungskraft, meine ich)? Bei mir habe ich so etwas noch *nicht* festgestellt.

Als ich neulich beim Zahnarzt saß und mir allerhand unangenehme Dinge wie Bohren, Kratzen,

Schleifen (mit einem bloßliegenden Nerv in unmittelbarer Nähe) gefallen lassen mußte, habe ich einfach meine Fußwanderung durch das norwegische Hochgebirge wieder aufleben lassen. Es ist mehr als ein halbes Jahrhundert her, aber ich erlebte es in allen Einzelheiten, und als der Doktor schließlich all die Pfropfen und Absaugvorrichtungen und weiß-Gott-was-sonst-noch aus meinem Mund entfernte, war ich gerade dabei, ein Wildwasser zu überqueren: Ich warf Felsbrocken ins Wasser und balancierte inklusive Rucksack zur anderen Seite hinüber. Ich war ganz in meine Norwegenfahrt vertieft, und es hat prima geholfen!

Was ich leider aber selbst feststellen muß, ist, daß meine Träume vager werden; und das finde ich jammerschade. Ich habe mein Leben lang geträumt, und zwar so intensiv und heftig, daß ich neben meinem normalen, nach außen hin sichtbaren Leben auch dieses Traumleben hatte, das sich mit der Wirklichkeit vermischte. Ich habe meine Träume sogar aufgeschrieben, und wenn sie sich nicht richtig in Worte fassen ließen, habe ich sie zu zeichnen versucht. Ich habe zwei Hefte voll absolut surrealistischer Erlebnisse – nicht nachzuerzählen, denn für Träume gibt es keine Ausdrucksmöglichkeit. Ich schrieb – während sie sich schon zu verflüchtigen begannen – in rasender Hast…

Vor ungefähr zehn Jahren habe ich damit aufgehört, denn die Traumbilder wurden zu undeutlich; mein allnächtliches TV ist für immer dahin.

Übrigens waren meine Träume absolut unmöglich; sie waren so herzergreifend, beängstigend und amüsant (sogar Tiere unterhielten sich mit mir) – so paradiesisch schön, von Blumen und Pflanzen, und immer so bedrängend, daß ich mich gelegentlich bei einem befreundeten Psychiater darüber beklagte. »Kind«, sagte er – »das ist dein Betriebskapital!« Er wußte, daß ich schrieb.

Es war hübsch, was er da sagte – aber den Zusammenhang habe ich nie richtig begriffen.

Träume haben natürlich auch damit zu tun, ob man tief schläft oder nicht und ob man warm zugedeckt ist oder friert. Menschen, die schlecht schlafen, träumen entweder gar nicht oder wenig. Und da der Schlaf im Alter leichter wird, werden auch die Träume undeutlicher.

Man liest so oft, alte Menschen benötigten weniger Schlaf als jüngere, aber das halte ich für Blödsinn. Man kann nicht alle alten Menschen über einen Kamm scheren – genausowenig wie alle jungen oder mittelalten. Wer schon immer mit wenig Schlaf auskam, der kann das auch jetzt. Ich habe immer acht Stunden gebraucht, aber jetzt sind mir achteinhalb lieber.

Es ist nämlich so, daß man im Alter nicht mehr so

lange an einem Stück schlafen kann – man muß öfter das Bett verlassen, um einem kleinen Bedürfnis nachzugeben (wenn du verstehst, was ich meine). Jede Unterbrechung der Nachtruhe schadet auch den Träumen.

Nichtsdestoweniger muß ich dir jetzt rasch erzählen, was ich vergangene Nacht geträumt habe: Ein Mann mittleren Alters, den ich nicht kenne – der aber als vage Erinnerung in meinem Kopf herumspukt (ich glaube, ich bin ihm früher mal bei der Zeitung begegnet – er hatte irgendwie mit Annoncen zu tun) – kurzum: dieser Mann kam freundlich auf mich zu und sagte: »Ich möchte Sie heiraten.«

»Aber M'nheer – das ist unmöglich, ich bin Zweiundachtzig!«

»Oh, das macht nichts – ich möchte meine Silberhochzeit mit Ihnen feiern.«

»Aber M'nheer, das geht auf gar keinen Fall...«

Aus, der Traum.

Aber während ich ihn jetzt niederschreibe, ist er längst nicht mehr so komisch, wie er »wirklich« war. Sie sind weder zu fassen noch zu halten, unsere Träume, und man kann sie auch nicht »erzählen«.

Gott sei Dank wenigstens etwas, dessen sich die Wissenschaft nicht bemächtigen kann – etwas, das auch ihr entflieht, ungreifbar bleibt und nicht in den Computer eingespeist werden kann.

Zum Schluß muß ich dir aber noch den allergrößten Blödsinn erzählen, den ich mir diese Woche geleistet habe: Ich schickte einen Brief weg, auf den ich unter die richtige Adresse auch noch meine eigene geschrieben hatte. Am nächsten Tag lag er wieder in meinem Briefkasten, und ich ärgerte mich über die Schusseligkeit der Post. Daß es mein eigener Fehler war, erkannte ich zunächst überhaupt nicht; bis mir siedendheiß aufging, was meine verkalkten Arterien mir angetan hatten.

Ich schämte mich sehr.

Deine Ann

Liebe Ann –

ich habe etwas entdeckt. Gespürt habe ich es bei irgendwelchen Gelegenheiten zwar längst – aber so richtig als niederländische Eigenart bewußt geworden ist es mir erst jetzt, ganz plötzlich: Wir sind keine »netten Leute«, wir Niederländer – wir sind weder herzlich noch charmant oder liebevoll.

Vor dem Dreifachkuß, den wir in den letzten Jahren von anderen übernommen haben (»einstudiert«, müßte man eigentlich sagen), drücke auch ich mich keineswegs, aber wahrscheinlich bleibt es wieder einmal *unserem* Land vorbehalten, eine feste Regel daraus zu machen – eines jener Rituale, bei denen sich der Verstand mokiert und die Seele ergeben seufzt: Ach du heiliger Bimbam...

Solch ketzerische Gedanken kamen mir in der Tram. Vor mir saß eine fremdländische Familie – Sammelbegriff: dunkles Haar, hellbraune Haut, schwarze Augen. Natürlich ist es unverschämt, sie einfach als »nicht europäisch« zu registrieren – langsam sollte man sie doch einordnen können: aus der Türkei, aus Indien oder Marokko.

Nun also. Die Gesellschaft bestand unter anderem aus etwas Winzigem von ungefähr einem Jahr und einem Jüngling von etwa achtzehn, der das kleine Wesen immer wieder entzückt betrachtete und ihm während der (relativ kurzen) Fahrt mehrmals einen Kuß auf das runde Köpfchen drückte; nichts Klebriges, weder beifallheischend noch übertrieben. Der junge Mensch schien von der körperlichen Nähe des Kindes einfach überwältigt – er mußte seiner Zärtlichkeit Ausdruck geben.

Niemand von den anderen nahm Notiz davon, für sie waren die überschäumenden Gefühlsäußerungen des jungen Mannes nichts Bemerkenswertes.

Ich versuchte mir vorzustellen, wie sich *unsere* jungen Helden einem solch winzigen Familienmitglied gegenüber verhalten hätten. Gewiß, sie haben inzwischen gelernt, daß sie sich nicht *immer* stocksteif und mannhaft zu geben brauchen. Zu meiner großen Freude konnte ich kurz nach der Geburt der Zwillinge beobachten, wie sich mehrere junge Väter bereit zeigten, unsere klitzekleine Heleen (vier Pfund Lebendgewicht gegenüber einem Brüderchen von doppelt soviel) in den Händen zu halten und sie mit freundlicher Verwunderung zu betrachten; sich nicht, wie früher, entsetzt gegen eine solche Zumutung zu wehren und zu beteuern, daß sie von Babies absolut nichts verstünden!

Aber für Männer unter Zwanzig gilt immer noch, daß sie witzig und originell zu sein hätten – genau die Art, mit der sie nicht nur Außenstehende, sondern auch sich selbst beeindrucken wollen. Mit ganz normal-menschlichem Benehmen läuft in diesem Alter noch gar nichts, und demnach fällt ihnen auch für kleine Kinder nicht viel mehr ein als gefühllose Scherze.

Aber ich will nicht alles den Jungen in die Schuhe schieben. Wir selbst geben uns ja nicht weniger zugeknöpft und beherrscht – wir haben ihnen vorgelebt, wie man es macht, seine Gefühle zu verbergen. In anderen Ländern habe ich das ganz anders erlebt; ich habe oft genug mit schadenfroher Wonne zugeschaut, wie einer von unseren verklemmten Holländern hilflos in einem Strudel von Umarmungen und Küssen versank.

»Ich umarme Dich...«

In einem russischen Brief ist diese Aussage nichts Besonderes – genauso wenig wie ein in plötzlichem Überschwang geäußertes »Ich liebe Dich!«

Du, Ann, bist viel spontaner als ich. Ich schätze das sehr – ohne jedoch den Drang zu verspüren, meine eigenen Gefühlsäußerungen zu steigern.

Dennoch: Wenn ich sehe, wie so ein junger Mensch ganz unbefangen sein Herz sprechen läßt, berührt mich das ganz eigen; ich finde es sehr liebenswert. Und solche Dinge geschehen mir auch immer wieder. Als Gast bei einer Trauerfeier (zum Beispiel) achte ich es sehr hoch, wenn die Betroffenen ihren seelischen Kummer zu beherrschen wissen. Es ist nicht unüblich, daß die Trauernden – um andere nicht mit ihrem Schmerz zu behelligen – Beruhigungsmittel nehmen; bei laut geäußerten Klagen würden die Gäste ja möglicherweise die Fassung verlieren.

Versteh mich richtig: Ich bin einfach nicht anders erzogen worden. Ich würde mich wahrscheinlich sehr unbehaglich fühlen, wenn eine Trauerfeier anders verliefe – mit lautem Weinen etwa oder anderem hörbar gemachtem Schmerz.

Dennoch empfinde ich selbst, daß es grausam und unnatürlich ist, seinen Schmerz so beherrschen zu müssen.

Feiert man ein Fest, dann darf gelacht und gescherzt werden – man darf Witze reißen, seine Stimme erheben, tanzen und singen. Niemand käme auf die Idee, die Freude mit Beruhigungsmitteln dämpfen zu wollen.

Mit dem Schmerz ist es anders: Wir können nicht damit umgehen. Kummer und Trauer machen uns unruhig – wir haben das Gefühl, etwas tun zu sollen (was auch richtig wäre), aber wir wissen nicht, *was.* Man hört es auch oft von Menschen, die sich im Trauerjahr befinden: Auf einmal will niemand mehr daran teilnehmen – die Umwelt ist der Trauer (da sie nicht selbst davon betroffen ist) überdrüssig, bleibende Kümmernis wird nicht akzeptiert. Es wird verlangt, daß sich der Trauernde darüber hinwegsetze – man bemüht die Psychologie oder andere Wissenschaften, um zu beweisen, daß es gut und vernünftig nicht nur für den Trauernden, sondern auch für seine Mitmenschen wäre, wenn er sich nun endlich wieder am normalen Leben beteiligte; es gibt eine Menge Klischees und Gemeinplätze, deren man sich dabei bedienen kann.

Und dabei ist es doch so wichtig, einem Menschen genügend Zeit für die Verarbeitung seines Kummers zu lassen; für eine Bewältigung auf seine ganz persönliche Weise.

Wenn man gezwungen wird, die Trauer zu unterbrechen (weil es nach Meinung anderer jetzt »lange genug gedauert hat«), um wieder Anschluß ans Leben zu finden (das in diesem Moment aber nur das Leben der anderen sein kann), weiß man zunächst gar nicht, wie man es anstellen soll; man hat das Gefühl, alles liefe an einem vorbei. Es bewirkt nur Kurzschlußhandlungen. Und dann werden therapeutische Maßnahmen zur »Trauerarbeit« bemüht – möglichst in geschlossenen Gruppen, in denen jeder der Beteiligten in möglichst unverständlichen Benennungen zu wissen kriegt, was er eigentlich längst wußte.

Sag *du* mir was dazu!

Deine Taube

Liebe Taube –

es stimmt: Ich *bin* spontaner als du, und deshalb löst das Gerede über den »Prozeß der Trauerarbeit« (wie es die Experten zu nennen belieben) jedesmal große Empörung in mir aus.

Trauer ist ein Urschmerz, der eine tiefe Kerbe im menschlichen Leben hinterläßt. Die kalte therapeutische Formulierung für diesen Vorgang ist widernatürlich und unannehmbar. Warum darf jemand, der einen unwiderruflichen Verlust, ein unendlich tiefes, schwarzes Loch in seinem Dasein hinnehmen muß, nicht todtraurig sein? Warum gesteht man ihm nicht zu, untröstlich zu sein, taub und blind gegenüber Mitleid und in den Augen Neugieriger »einfach unmöglich«?

Nein. Im Zeitalter der alleinseligmachenden Psychologie muß die Flutwelle der Verzweiflung kanalisiert werden – sie muß sich der »Trauerarbeit« unterziehen.

Als ob es nicht Kummer gäbe, der sich nie ganz verliert; der sich zwar an der Zeit verschleißt – der aber eine Narbe hinterläßt, die immer wieder schmerzt. Ich hörte unlängst von einer Ordensfrau, die in einem Dritte-Welt-Land arbeitet und plötzlich nach Hause gerufen wurde, weil ihre Mutter im Sterben lag. Als sie nach der Trauerfeier für ein paar Tage in ihrem niederländischen Mutterhaus bleiben durfte, wurde ihr von den Mitschwestern zunächst mitfühlende oder förmliche Teilnahme entgegengebracht. Wie anders aber, als sie zu ihrer Missionsstation zurückkam und ausführlich erzählte, warum sie weggewesen war! Ganz spontan brach ein Sturm herrlichsten Trauerrituals über sie herein – begleitet von dramatischem Gebaren, von Klageliedern und Trauertänzen. Und plötzlich fühlte sie sich aufgenommen in den Kreis der Klagenden, die ihrem Schmerz über die Grausamkeit des Todes so unverfälschten Ausdruck gaben – sie war eine von ihnen und konnte um ihre Mutter weinen, wie sie es vorher nie für möglich gehalten hätte.

Und jetzt muß ich auch an die Kirche in Leningrad denken, die wir eines Morgens ohne Grund betraten. Urplötzlich fanden wir uns konfrontiert mit dem Leichnam einer alten Frau, die in einem wunderschön bemalten Sarg lag – umrahmt von frischgeschnittenen grünen Zweigen mit einer einzelnen Blume mittendrin. Um ihren Kopf lag eine Banderole mit einer Inschrift über den Weg, den sie nun gehen würde, und die verarbeiteten Hände hielten eine kleine Ikone. Um sie her wuselte eine Schar von Familienmitgliedern oder Verwandten, ein kleines Kind wurde aufgehoben, um ihr noch ein letztes Küßchen geben zu können.

Und niemand außer uns beiden fand es verwunderlich, daß eine der Frauen plötzlich zu sprechen anhub – sie machte der Toten Vorwürfe: »Du weißt doch«, schluchzte sie, »daß ich ohne dich nicht fertig werde... Wie konntest du mir das nur antun?« Sie jammerte und weinte.

Wir fühlten uns wie Eindringlinge. Auf leisen Sohlen machten wir uns davon – unfähig, zu sprechen. Diese Russen ... Wir dachten es beide. Es war so unverfälscht menschlich, so umfassend, so echt ... Sie entledigte sich ihres Kummers, und jedermann durfte es sehen.

Wir hier im Westen drohen zu versinken in der immer näher kommenden, unheimlichen »brave new world«*; wir leben in Hast, Ungeduld, Fortschritt – man erlaubt sich kein unnötiges Verweilen bei einem Geschehnis, das nichts einbringt – wovon man »nichts hat«.

Vielleicht findest du auch eine Feuerbestattung nicht so schlimm wie ich – oder? Diese glatte, klinisch saubere, unpersönliche Umgebung, die Trauergäste mit ausdruckslosen Gesichtern – in Stuhlreihen sitzend wie im Kino.

Absolut widernatürlich und ganz abscheulich. Haben wir keinen Platz mehr für Friedhöfe? Tatsächlich nicht? Und was ist mit all den neuen Autobahnen?

Für mich sollte das Ende des Lebens auch die Rückkehr in den Schoß der Natur sein – in die

* »großartige Neue Welt«

Erde, die mir zeitlebens so kostbar war. Ich bin alt und altmodisch, aber manchmal habe ich das Gefühl, als wüchse ich unmerklich aus dieser Welt hinaus – weg von diesem Globus, auf dem es weder Platz noch Interesse mehr für Dinge zu geben scheint, die auch nur den Anschein des Mystischen haben.

Man sollte sich sehenden Auges dem Mysterium des Übergangs stellen, wenn man langsam einem Trauerzug folgt – über sandige Wege, zwischen lebendigem Grün und hohen Bäumen und mit dem Wind, der sanft die Tränen von den Wangen bläst.

Ja, ich *bin* altmodisch. Wenn ich von einem Todesfall höre, sage ich: »Ach, ist der tot –?«

Tot. Das Wort ist veraltet, ich weiß. Gegenwärtig heißt es nur noch »gestorben«. Kürzlich hörte ich jemanden sagen, sein Kanarienvogel sei »gestorben«. Wir fürchten uns vor dem Ende, dem doch niemand entgehen kann – und weil das so ist, versuchen wir es auf alle möglichen Arten zu überspielen.

Beim Kramen in alten Papieren habe ich ein Gedicht gefunden, das ich in einem flüchtigen Impuls einmal aufgeschrieben habe:

Widerstand –

Lang war mein Leben.
Keinen Kampf jetzt mehr –
ich muß mich darein geben,
daß mit Leib und Geist
ich mich verflüchtige
im All…

Doch zum Schluß etwas Drolliges von einer Neunzigjährigen: Ich sah eine Ablichtung von einem gemalten Bildnis der großen englischen Schriftstellerin Rebecca West, das zu ihrem neunzigsten Geburtstag im Jahre 1982 gemacht worden war. Sie, die sich fortwährend mit dem gedruckten Wort beschäftigte, benötigte natürlich auch eine Brille. Sie trug sie an einer Kette um den Hals – aber nicht nur eine, sondern *zwei*. Zwei Brillen an zwei Ketten – stell dir vor: Vier Gläser, die ständig gegeneinanderklimpern –. Aber ihr Busen war wirklich sehr umfangreich, und vielleicht sind die zwei Brillen ein guter Tip für schlechtsehende Leute mit ungewöhnlichen Proportionen: Sie müssen nicht so lange herumtasten…

Deine altmodische Ann

Ja, Ann –

die Erinnerung! Es ist sonderbar: *Da* fügt sie eine Linie hinzu – dort läßt sie ein Bröckchen weg...

Weißt du, was für Erinnerungen *ich* an die Kirche in Leningrad habe? Zunächst blieben wir stehen – ein wenig scheu, aber äußerst fasziniert. Wir bekamen sogar einen Löffel voll Irgendwas (eine Art Reis mit Obstkompott), das sie herumreichten. Alle mußten vom selben Löffel essen – aber das ging uns doch ein bißchen zu weit. Wir ließen es uns in die bloße Hand geben und aßen es auch daraus, und danach versuchten wir ungeschickt, unsere klebrigen Finger mit Papiertaschentüchern zu säubern.

Erst dann fing die Schwester der Toten mit ihrer Klage an, und es war so herzergreifend, daß wir es einfach nicht mitanhören konnten. Wir verließen hastig die Kirche und stolperten die hohe Treppe hinunter (die Treppenphobie war zu jener Zeit zwar noch nicht ausgebrochen, aber hohe Treppen ohne Geländer waren mir schon immer ein Graus!) – wir hatten einfach Angst, in genauso heftiges Weinen auszubrechen wie die betrübte Schwester. Und das wäre wahrscheinlich sogar der Trauergemeinde komisch vorgekommen. Und jetzt bin ich gespannt, ob du dich auch *daran* erinnerst oder ob ich es einfach hinzuphantasiert habe.

Als ich gestern in der Nähe des Friedhofs war, wo mein Bob begraben liegt, benutzte ich die Gelegenheit, um sein Grab zu besuchen. Auf fast allen Gräbern standen weiße Chrysanthemen – es war ja gerade erst Allerseelen. Es ist nur ein kleiner Friedhof, und das macht den Ort etwas freundlicher. Als Bob und ich dort kurz vor seinem Tod vorbeikamen, sagte er: »Hier möchte ich begraben sein...«

Auf dem Rückweg mußte ich daran denken: Dieser Prozeß des Vergehens in der Erde – kalt und feucht... Absolut gegen das Leben. Aber die Feuerbestattung empfinde ich als *noch* widernatürlicher.

Später ging ich noch zum KNO*-Doktor. Mein Gehör läßt mich im Stich, und damit geht mir ein wichtiges Stück Kommunikation verloren; Gespräche werden weniger flüssig und leicht – es ist nicht einfach, mit Schwung auf etwas zu reagieren, was man nur halb mitkriegt.

Es sei der Gehörnerv, sagte der KNO-Chef, es gebe weder Heilmittel dafür noch eine Operationsmöglichkeit, sondern nur das Hörgerät.

Und für dieses »Ding« gilt es eine Schwelle zu überschreiten; in meinem Fall ist sie möglicher-

* KNO = Kehle, Nase, Ohren. Der bei uns übliche Sammelbegriff »Hals« wird in den Niederlanden deutlich nach »vorn« und »hinten« getrennt, also »keel« (Kehle) und »nek« (Nacken).

weise weniger hoch als für andere, denn ich bin viel zu neugierig, als daß sie mich ernstlich in meinem Wissensdrang behindern könnte – aber der Doktor hat mich davor gewarnt, zuviel von dem »Ding« zu erwarten. In einem Raum zum Beispiel, in dem viele Leute zugleich reden, bekommt man alle Geräusche in voller Lautstärke ins Ohr, und das ist gräßlich. Für mich ist während einer Unterhaltung die deutliche Aussprache viel wichtiger als die Lautstärke; gerade das aber ist in einem Gespräch mit jungen Menschen problematisch: sie »verschlucken« so viel von dem, was sie sagen. Man könnte sie natürlich höflich bitten, etwas deutlicher zu sprechen, aber genau das ist es, was sie nicht können.

Wir Niederländer sind nicht besonders gut im Artikulieren. Ich selbst habe es erst gelernt, als ich auf meinen Auslandsreisen oft genug gezwungen war, für unsere eigenen Wörter sinngemäße Formen in der jeweiligen Fremdsprache zu bilden.

Aber weißt du, was am ärgerlichsten ist? Wenn sich wirklich jemand Mühe gibt, um meinetwillen deutlich zu sprechen, verliert das Gespräch so viel von seiner Spontaneität.

Nun, was soll's. Der Zustand als solcher ist unabänderlich.

Und Gott sei Dank gehöre ich zu den Menschen, die rasch umdisponieren können; wie ein altmodischer Feldherr inspiziere ich das Schlachtfeld, überschlage den Verlust und überlege mir eine andere Strategie.

Jemand hat uns im Hinblick auf unser erstes Buch einmal vorgeworfen, wir seien so »statisch«*, für uns gebe es kein anderes Heilmittel als den Verzicht – das Sich-darein-Schicken.

Das hat dich genauso verblüfft wie mich.

Ausgerechnet der Verzicht – wie wir beide ihn verstehen – erfordert doch eine ungeheure Aktivität: das unablässige Mobilisieren von Kräften und Kapazitäten, die als Ausgleich für den Verzicht auf unmöglich Gewordenes dienen können! Aber dafür muß man flink sein und vielleicht auch ein Portion Schlauheit besitzen.

Es ist schon verwunderlich, daß ansonsten gescheite Menschen jemandes Absichten so gründlich mißverstehen können. Was wir sagen und weitervermitteln wollten, war die Idee, daß es auch auf kleiner gewordenem Lebensraum noch alles mögliche zu tun und zu erleben gibt. Was man natürlich nicht übertreiben sollte.

Gestern übrigens saß ich im Bus neben einer alten Frau, die eigentlich gar nicht ohne Begleitung hätte fahren dürfen. Es war zwar tapfer, daß sie es dennoch tat – andererseits aber war es weder

* statisch bedeutet in diesem Zusammenhang »undynamisch«

für sie noch für die Mitreisenden ganz ungefährlich.

Natürlich achtete der Fahrer (schade, daß ich »natürlich« sagen muß – aber in den meisten Fällen ist wirklich keine Rücksichtnahme zu erwarten) *nicht* auf die Behinderung dieses Fahrgastes; er startete genau in dem Augenblick, als die Frau sich neben mich setzen wollte, und das hatte zur Folge, daß sie mit ihrem ganzen (keineswegs geringen) Gewicht auf mich fiel. Ich muß gestehen, daß ich nicht das leiseste Solidaritätsgefühl für meine Altersgenossin aufbrachte. Ich rieb irritiert meinen immer noch invaliden rechten Arm. Das enttäuscht dich, was?

Die Taube namens Heleen

Liebe Taube –

der Tag in der Leningrader Kirche! Deine Erinnerung ist fehllos – es war genau so, wie du es beschreibst. Der Brei auf dem Löffel, dem wir ziemlich ratlos gegenüberstanden, gehört zu einem Totenritual und besteht aus einer Mischung von Getreide oder Reis (auf jeden Fall aber aus Körnern, die in der Erde vergehen, um neues Leben hervorzubringen) mit getrockneten Früchten – manchmal auch Rosinen, daraus lebenspendender Saft gewonnen wird, und aus Honig, der die Süße des Paradieses versinnbildlicht.

So hat es mir eine gläubige alte Russin erklärt, die in meiner Nähe wohnt. Sie ist über achtzig und sie sagte, es sei ein jahrhundertealter, in seinem Ursprung heidnischer Brauch; sehr urtümlich also: Der Glaube an ein Leben nach dem Tode.

Diese Russen! Sie haben wirklich etwas Starkes, Unzerstörbares in sich. Wie oft habe ich das bei persönlichen Begegnungen gespürt…

Und jetzt muß ich an die Frau in unserem Hotel denken (Jahre vor der Perestrojka), die auf unserer Etage die Nachtwache versah und vor Müdigkeit auf ihrem Stuhl eingenickt war.

Wir kamen nach einer strahlenden nächtlichen Osterfeier in der Kirche von Novodewitsche ins

Hotel zurück, und in meiner hochschlagenden Begeisterung konnte ich es nicht lassen, ihr den alten russischen Ostergruß zuzuflüstern: »Christus ist auferstanden!«

Sie war sofort hellwach, sprang auf und antwortete voller Freude: »Er ist wahrhaftig auferstanden!«

Es ist fest in ihnen verankert, dieses Gefühl für das Spirituelle – oder besser gesagt: für das Kosmische, für die andere Dimension... Auf jeden Fall aber für das, was in unserer materialistischen, Begierden züchtenden Gesellschaft, in der die Kaufkraft als Maßstab für Glück gilt, nicht mehr vorhanden ist.

Vielleicht sind sie deshalb so eisenstark. Es ist ja fast unglaublich, was sie in ihren Straflagern, ihren Gefängnissen und in der Verbannung, worüber man jetzt immer mehr erfährt, alles ausgehalten haben und immer noch aushalten! Wenn ich darüber lese, kann ich mich an ihrer großen inneren Kraft aufrichten.

Ich bin gerade in das Buch von Julia Wosnessenskaja vertieft – du kennst es: diese authentischen Brieffragmente von Frauen, die sich in einer solchen schrecklichen Lage befinden –

Das Allerschlimmste steht natürlich nur *zwischen* den Zeilen; und dennoch haben sie es ausgehalten und überlebt.

Man hält sich die Tatsache, daß man durch die

Begegnung mit anderen, innerlich starken Menschen (und sei es auch nur über ein Tagebuch) positiv inspiriert werden kann, viel zu wenig vor Augen. Der Mensch kann immer mehr, als er zu können glaubt – und das gilt auch für *alte* Menschen. Wenn man so alt ist, wie ich es jetzt bin, muß man sich immer wieder gegen das zunehmende Unvermögen zur Wehr setzen; immer wieder abwägen, was man sich zutraut und was man als absolut unmöglich erkennen muß.

Gestern sollte ich an einer ausgedehnten Tagung zum Thema ›Menschenrechte‹ teilnehmen. Ich hätte sie nicht versäumen wollen, aber richtige Lust hatte ich nicht. Wenn ich an die Bahnreise dachte, an einen übervollen Saal und den ganzen Tag das »payer de sa personne«* …

Als morgens der Wecker klingelte, nahm ich mir vor, überhaupt nicht aufzustehen. Es fällt mir immer schwerer, aus meiner warmen, sicheren Betthöhle zu kriechen, und gestern morgen dachte ich aufsässig: Ich fühle mich miserabel. Ich kann einfach nicht. Ich bleibe hier. Also blieb ich liegen und träumte vor mich hin, aber ich fühlte mich nicht wohl dabei. Menschenskind, dachte ich plötzlich, was soll das eigentlich heißen, »… fühle mich miserabel« –? Wie, genau, glaubst du dich fühlen zu müssen, wenn du in ein paar Wochen dreiundacht-

* hier: Einsatz der eigenen Person

zig wirst? Das kann man doch nicht mit früher vergleichen! Wie hast du dich gefühlt, als du siebzig, sechzig, fünfzig oder noch jünger warst? Sich zu »fühlen« – nein, laß es mich besser ausdrücken: sich wohlzufühlen oder nicht, das ist doch sehr relativ! Ist dir bekannt, wie andere Dreiundachtzigjährige sich fühlen?

Ja, und weiß ich denn, wie *du* dich fühlst – mit deinen dreiundsiebzig? Man kann es sich nicht gegenseitig erklären. Wenn ich dir sage, daß ich mir morgens manchmal vorkomme wie aus Gelatine – weißt du dann, was ich meine?

Kurzum: Ich bin hingefahren; ich könnte auch sagen: Ich habe mich mitgenommen – ganz entspannt, so in der Art: Na, es wird schon schiefgehen.

Es ging phantastisch!

Deine gelatinöse Ann

p. s.: Wie unangenehm für dich, daß du diese Ohrhilfe benutzen mußt! Aber daß du rechtzeitig damit anfängst, halte ich für sehr vernünftig. Und du hast recht: Wir bröckeln ab. Bei mir ist es die Sehkraft; sogar in hellen Nächten kann ich die Sterne nur mit Mühe ausmachen. Meinen geliebten großen »Bär«, der mein Häuschen bewacht, kann ich nur noch erraten.

Liebe Ann –

was für ein komisches Wort hast du dir da ausgedacht: »Ohrhilfe« – für einen Hörapparat! Und warum machst du das? Es tröstet mich nicht – im Gegenteil. Als ich es las, dachte ich unwillkürlich: Siehst du – man darf es nicht beim Namen nennen. Es ist eine Art Schande, die man hinter irgendwelchen originell klingenden Wörtern verstecken muß. Das Hörgerät an sich ist doch gar kein Drama; schade ist nur, daß es wahrscheinlich weniger Hilfe beim Hören bietet als eine Brille bei geschwächtem Sehvermögen. Wirklich lästig ist nur die Tatsache, daß man schlecht hört, und das ist nicht zu ändern. Es hat also nichts mit Vernunft zu tun, wenn ich mir ein Hörgerät anschaffe – das Hören selbst wird weder besser noch schlechter dadurch. So.

Eigentlich sollte man mit Trost sehr vorsichtig umgehen. Ich hatte gehofft, du würdest meinem Brief entnehmen, daß just *dieser* Fall *keinen* Trost erforderlich macht. Gerade deshalb habe ich ja auch das Hörgerät ins Spiel gebracht – ich weiß, daß es viele Menschen gibt, die davor zurückschrecken. Für sie soll es eine Ermutigung sein, daß ein Leidensgenosse ganz nüchtern darüber reden kann und gleichzeitig erkennen läßt, daß er keine Hemmungen hat, das Ding zu benutzen.

Doch da wir einmal dabei sind und ganz abgesehen von diesem Fall, will ich den Begriff »Trost« noch ein wenig weiterspinnen.

Oft genug besteht der sogenannte Trost nur aus ein paar mehr oder weniger nichtssagenden Floskeln, deren sich der Tröstende pflichtgemäß entledigt und die meistens nichts aussagen, was der Betroffene nicht auch schon selber erkannt hätte. Weiß der Trauernde aber nichts mit dem Zuspruch anzufangen – kann er also weder sich noch seine Situation darin wiederfinden, dann ist er wohl noch nicht so weit; er weiß noch gar nicht, wie ihm geschieht.

Trost: Vielleicht muß es nicht mehr sein, als jemandes Tränen zu trocknen, die seine Augen blind machen – ihm zu sagen: »Ja, es ist schlimm.« Viel zu oft versucht man, irgendwelche Pluspunkte für ihn ausfindig zu machen.

Ich sprach mit jemandem, der sehr traurig war und allen Grund zur Trauer hatte. Ich versuchte ihn zu verstehen, aber am Ende unseres Gesprächs sagte ich in abscheulich aufmunternder Weise: »Komm einfach mal zu mir und wein dich aus ...« Als läge es in meiner Macht, seinem Schmerz Einhalt zu gebieten; als hätte es nicht die Ursache gegeben – unlöslich damit verbunden, dem Außenstehenden nicht zugänglich. Ich erschrak selbst.

Wenn man wirklich trösten will, muß man sich

zunächst einmal klarmachen, daß man dem Kummer selbst nicht beikommen kann; darum ist Trost ja auch ein so schwieriges Unterfangen. Wir wollen immer unbedingt »etwas tun«...

In einer guten Phase meines Lebens hat es einen Menschen gegeben, der mir öfter half. Von ihm stammen die Worte: »Du mußt unglücklich sein *wollen*.«

Wenn ich es – sehr selten! – zur Sprache bringe, stoße ich meistens auf Schreck oder Nichtbegreifen. »Aber man muß doch versuchen, darüber hinwegzukommen!« Das ist die weitverbreitete Meinung. Für mich aber waren die Worte des Freundes eine Erlösung. Ich hatte den Teil meines Lebens verloren, in dem – neben den üblichen Unzulänglichkeiten – mein ganzes Glück lag. Ich machte die unsinnigsten Anstrengungen, es wiederzuerlangen – ich wollte einfach nicht wahrhaben, daß es verloren sei. Ich tat, als könnte ich es zurückholen, wenn ich nur gründlich nachdächte – wenn wir uns darüber aussprächen.

Aussprache! Das war das vermeintliche, zu jener Zeit gerade erfundene Allheilmittel, an das ich fest glaubte. Aber gerade das war es auch, das mir die tiefsten Wunden riß, weil es vor der Wirklichkeit versagte.

Ich wollte es nicht akzeptieren – und doch gab es keinen anderen Ausweg; ich mußte mit beiden Füßen auf dem kalten Boden der Tatsachen stehen, durfte keine Luftballons steigen lassen, die unter dem Druck von Unwillen und Nichtbegreifen nur allzubald platzen würden, keine Seifenblasen schillern lassen – »... seht doch nur, wie zauberhaft!« – Nein. Ich mußte mir sagen: »Ich bin unglücklich.« Ganz ohne Schnörkel. Es bewahrte mich davor, immer wieder in schwindelerregendem Tempo abzustürzen und in dem unverkennbar selben Elend zu landen.

Man wird geformt durch die Menschen, mit denen man umgeht – nicht am wenigsten durch jene Weisen, die hart zu sein wagen; nicht hart aus Gedankenlosigkeit, sondern aus Weisheit. Aber sie sind selten.

Ich kann nicht behaupten, daß ich die Bitterkeit mancher Erlebnisse überwunden hätte. In der Liebe enttäuscht zu werden ist schlimm.

Dennoch: Alles, was mir an tieferer Lebenserkenntnis bewußt geworden ist, hat seine Wurzeln überwiegend in jener Zeit. Es war eine gute Schule – aber es hat geschmerzt.

Heleen

p. s.: Soeben hatten wir Kontakt über das »andere« Kommunikationsmittel. Du hast auf einen Ast getreten, der zurückfederte und sich mit einem spitzen Seitenzweig in dein Bein bohrte. Sehe ich das richtig, liebe Ann, daß du dich wieder mal auf ungeebnetes Terrain gewagt hast? Aber selbst wenn du dir im selben Moment vorgenommen hättest, nie mehr unkultivierten Boden zu betreten: Es würde dir jetzt absolut nichts nützen. Laß mich wissen, wie es dir geht! Wenn erst die Fäden gezogen sind, ist wieder Land in Sicht!

Liebe Taube.

Weißt du, was mein Hausarzt sagte, als er nach einigen Tagen das fachmännisch ausgeführte Flickwerk der Erste-Hilfe-Station inspizierte –? »Die Fäden können Sie sich selbst ziehen.«

Einfach so.

Es war ein häßlicher Winkel, den der Zweig mir gerissen hat. Während die junge Chirurgin mit dem Zusammennähen der Wundränder beschäftigt war, versuchte sie mich zu trösten; enden tat sie mit dem Zusatz: »... aber Sie wissen ja – in Ihrem Alter...«

Du kennst das.

Es war übrigens ein richtiger Schock für mich. Der Ast, über den ich gestolpert war, revanchierte sich sofort mit einem gemeinen Tritt. Mein Blut lief wie verrückt – ich wußte es kaum zu stillen. Ich hatte zum Verbinden nichts als ein angebrochenes Päckchen Papiertaschentücher, aber wunderbarerweise hatte ich kurz vorher auf der Straße einen von diesen dicken Gummiringen gefunden, wie sie der Briefträger benutzt; ein echter Glücksfall für den Notverband.

Eigentlich habe ich ja immer Glück – es hätte ja zum Beispiel auch der Zweig eines *giftigen* Baumes sein können. Und war es etwa kein glücklicher Zufall, daß in meiner Blutbahn noch die ganze Dosis Tetanus von der Wunde in meinem anderen Bein kreiste?

»Sie sind für Ihr Alter noch ganz hübsch aktiv«, meinte die Ärztin – »nur: Ihre Haut ist sehr dünn; ich muß es sehr vorsichtig nähen, damit es nicht einreißt.« Ich sah an der Bewegung ihrer Finger, daß sie es auf sehr komplizierte Weise tat. Ich fragte, was es für ein Stich sei, und versuchte mir gleichzeitig alle Arten von Stick- und Nähstichen vorzustellen, die wir in den zwanziger Jahren in der Volksschule gelernt hatten. Damals hatten wir einen Übungslappen, der später gewaschen, gebügelt und auf blauem Karton befestigt und anschließend für die Preisverleihung eingereicht wurde.

Gibt es in den Schulen eigentlich noch Handarbeitsstunden?

Meine Wunde heilt gut – Gott sei Dank; aber die Fäden selber ziehen? Etwa mit meiner Lesebrille, die mir todsicher von der Nase rutscht, wenn ich doppeltgeschlagen über meinem Bein hänge –? So was bedenkt ein junger Arzt mit guten Augen und durchtrainiertem Körper natürlich nicht.

Aber er wird es in den nächsten Tagen selber tun, und dann ist dieser Alptraum auch ausgestanden.

Apropos Alptraum: In der ersten Nacht – mit dem brennenden Bein und der Angst vor ausreißender Haut, die nur bei absoluter Ruhigstellung auch des Fußes heilen würde – geriet ich regelrecht in Panik; wenn mein braves altes Fell wirklich eine

Chance bekommen sollte, mußte ich mich darauf einstellen, eine Woche oder länger regungslos dazuliegen.

Wahrhaftig – in »unserem Alter« sollte man kein Theater mit einem unwillig heilenden Bein bekommen. Wie sollte ich es überhaupt bewerkstelligen? Ich ließ alle Bekannten, Freunde und lieben hilfsbereiten Nachbarn Revue passieren. Nein, so ging es nicht; es waren ihrer zu wenig, sie wohnten zu weit weg, hatten zu viel zu tun oder waren zu alt.

Zweite Möglichkeit: um vorübergehendes Asyl nachsuchen.

Unmöglich. Alle, die in Betracht kamen, wohnten entweder zu weit weg, oder ich wagte sie nicht zu bitten.

Ich mußte an dich denken, Taube – an das, was dir im vorigen Winter alles zugestoßen ist: Du fielst die Treppe hinunter, brachst dir in wachsendem Tempo einen Arm und ein Bein und warst im Pflegeheim an den Rollstuhl gefesselt. Du warst sozusagen Vollinvalide und absolut hilflos, während ich – schlimmstenfalls – etwa zehn Tage nicht würde laufen können.

Was also sollte ich tun? Mich in die Krankenkoje jenes Altenheims verfügen, von dem ich wußte, daß ab und zu Fälle wie meiner vorübergehend aufgenommen wurden? Mich in dem Heim für Zeitpatienten melden, von dem ich erst kürzlich durch eine Krankenschwester Kenntnis bekam, die in einem Dritte-Welt-Land gearbeitet und jetzt in unserem Land dieses Haus eröffnet hatte (»…zum Beispiel für Leute, die nach einer Hüftoperation nicht mehr im Krankenhaus zu bleiben brauchen, aber auch nicht nach Hause entlassen werden können, weil sie allein wohnen«)? Beruhigend jedenfalls, zu wissen, daß es so was gibt. Aber jetzt – für mich? Ach Quatsch.

Also bleibe ich zu Hause und wurstle mich recht und schlecht durch. Ich werde alle Ansprüche fallenlassen, werde je eine Thermoskanne mit Kaffee und Tee, das Telefon und Bücher um mich aufbauen und mir von »Essen auf Rädern« die Mahlzeiten bringen lassen. Bei tieferer Überlegung aber lasse ich auch diesen Gedanken fallen.

Eine weitere Möglichkeit wäre ein fahrbarer Untersatz fürs Haus. Ich habe im Seniorenblatt doch diese Annonce gelesen: »›Batricar‹, der umweltfreundliche Scooter für die Wohnung«. Ich sah mich im Geist schon durch meine Stube segeln…

Mein Schlaf war sehr unruhig. Am nächsten Morgen erhob ich mich vorsichtig, ließ das kranke Bein auf dem angewinkelten Fuß ruhen und schleppte es (unter Zuhilfenahme des alten Spazierstocks von meinem verstorbenen Vater) im weiteren Verlauf des Tages auf diese Weise hinter mir her. Es klappte großartig; Schwierigkeiten ergaben sich nur bei den

Türschwellen. Aber meine Haut hat mich nicht im Stich gelassen.

Auf einem Symposium übrigens habe ich gehört, daß Bauherren – mit Rücksicht auf alte und älterwerdende Bewohner, die ihre Wohnung beibehalten wollen – neuerdings dazu übergehen, keine Türschwellen mehr einzubauen. Eigentlich sollte ich die meinen jetzt schon entfernen lassen.

Deine stolpernde Ann

Liebe Ann –

womit haben wir das bloß verdient!

(Ich komme gleich auf deinen Brief zurück, aber erst muß ich mir *dieses* von der Seele schreiben!)

Sowohl ihre Mutter wie auch ich, ihre Großmutter, haben stets eine vernünftige und maßvolle Haltung gegenüber dem Status der Frau, dem Begriff der Weiblichkeit und den Aufgaben des Haushalts vertreten:

Du sollst dein Hab und Gut nicht verwahrlosen lassen – aber nicht unbedingt zweimal täglich staubwischen.

Du sollst dich mit Sorgfalt pflegen – aber deine Zeit nicht vor dem Spiegel vertrödeln.

Und da präsentiert mir Heleen die Jüngere (Alter: fünfeinhalb Jahre) folgenden Wunschzettel:

1 Waschmaschine,
1 Staubsauger,
1 Bügeleisen,
1 Frisierkopf,
diverse Make-up-Artikel (für sie selbst).

»Sie kann noch ihr Leben lang an der Waschmaschine stehen«, knurrt ihre Mutter gereizt.

In den Zeitungen ist schon seit längerem nachzulesen, daß sich beim Spielzeug – nachdem man jahrelang versucht hat, Jungen- und Mädchenspielsachen auf *einen* Nenner zu bringen – die Geister wieder zu scheiden beginnen. Für die kleinen »Männer« werden immer mehr Roboter, Transformatoren oder G. I.-Joes (amerikanische Soldaten) verlangt – nach denen ich noch kein Mädchen die Hand habe ausstrecken sehen, und für die Mädchen immer alberner werdender Kram: Kordeln, Bändchen, Sticker oder Schleifchen, Haarteile (Flechten) für Puppen, für große und kleine »little Ponies« (rosa) oder für ihr eigenes Köpfchen oder Hälschen.

Manchmal können wir uns, wenn Heleentje zur Tür hereinkommt, vor Lachen kaum halten: Sie ist mit einer Unzahl von Broschen, Anstecknadeln und Ketten behängt wie ein Weihnachtsbaum.

Aber gottlob hat sie das noch nicht zur Regel erhoben; noch vergißt sie ihr »Geschmeide« erfreulich oft und rennt herum wie ein kleiner Vagabund. Und so ist sie mir am liebsten.

Und nun ist also die Geschenke-Zeit wieder angebrochen. Meine Gefühle in dieser Hinsicht sind recht zwiespältig. Die Freude des Schenkens, die in mir immer eine begeisterte Anhängerin hatte, trocknet ein wenig aus. Es erscheint mir so unwirklich, daß man sich auf der einen Seite des Globus krampfhaft überlegen muß, was man einem Kind, das eigentlich schon alles hat, schenken könnte, während es auf der anderen Seite wirklich am Allernotwendigsten fehlt. Und wir wissen es! Die Medien berichten es uns Tag für Tag. Und wenn jemand einwendet, das sei schon immer so gewesen, so kann ich reinen Gewissens behaupten, daß man früher (ohne Fernsehen usw.) doch eine Menge Phantasie gebraucht hätte, um es sich auch nur annähernd vorzustellen.

Außerdem war damals der Luxus noch nicht so »flächendeckend« verbreitet. (Über dieses Kapitel sollten wir uns unbedingt noch unterhalten; es gibt eine Menge Leute, die der Ansicht sind, in unserem Land sei immer noch viel zu wünschen übrig. Das stimmt zwar, aber im Vergleich mit anderen Ländern leben wir hier unzweifelhaft in einer sehr luxuriösen Ecke.) Und während wir genau wissen, was in der Welt los ist, tun wir so, als sei alles in schönster Ordnung.

Ich glaube, mein Widerwillen gegen allzugroßen Luxus (ich will mich nicht besser machen, als ich bin – auch ich fühle mich zuweilen angenehm darin aufgehoben!), wie er mich plötzlich in den sinnlos überladenen Kaufhäusern überfällt, hat seinen Ursprung in der Zeit, da die Sowjetunion eine so große Rolle in meinem Leben zu spielen begann. Immer, wenn ich aus Rußland zurückkam, wo ich so hautnah mit Menschen konfrontiert war, für die schon der normale Alltag unablässigen Kampf bedeutet (ganz zu schweigen von der zusätzlichen Mühsal, für internierte oder in der Verbannung lebende Verwandte allereinfachste Dinge, an denen es ihnen ständig mangelt, zu beschaffen und ihnen zukommen zu lassen), wurde ich mehr und mehr reizbar beim Anblick dessen, was man bei uns alles nötig zu haben glaubt.

Man muß sich nur an einem Samstag die hochbeladenen Einkaufswagen in den Supermärkten betrachten: Eine Menge wahllos zusammengerafften Zeugs, das man für »ein fröhliches, behagliches und komfortables Leben« für unverzichtbar hält.

»Wozu, um Himmels willen, soll *das* nun wieder gut sein?« fuhr ich meine Tochter zuweilen ärgerlich an. Ziemlich unlogisch, ich geb's zu, denn ich beteiligte mich eifrig selbst am Einladen. Aber in meinem Innern rumorte ständig die vage Wunschvorstellung von Maßnahmen, die uns einer fairen Aufteilung der Konsumgüter näherbringen könnten.

Wenn wir für eine meiner Reisen in die Sowjetunion einkaufen gingen, verfiel meine Tochter – damals noch jung und unverheiratet – jedes Mal in sorgenvolle Betrachtungen. Auf mein stereotypes »... das brauchen sie drüben so nötig«, konterte sie ebenso stereotyp: »Jaja – aber vergiß um Himmels willen nicht, daß du mit deinem schmalen Geldbeutel nicht ganz Rußland wieder auf die Beine helfen kannst.« Natürlich hatte sie recht – einerseits. Andererseits konnte sie sich aber auch nicht vorstellen, welche Bedeutung etwa ein Päckchen Nähnadeln für eine russische Hausfrau haben kann.

Daher mein Gefühl des Unbehagens in den für die Feiertage so verschwenderisch hergerichteten Läden. Es hat keinen *Sinn*! Es ist einfach zu viel, denke ich entmutigt; je mehr ich sehe, um so weniger weiß ich, wozu ich mich entschließen soll. Der Überfluß macht einen für die wesentlichen Dinge blind.

Aber die Manager haben alles bestens bedacht: Wunschzettel werden kostenlos zur Verfügung gestellt – man braucht sie anhand der Kataloge nur noch auszufüllen.

Wenn ich darüber nachdenke, verdichtet sich mein Unbehagen zur Streitsucht: Alles vorprogrammiert! Das Fest der Überraschungen ist verkommen zu einem Festival der Bestellzettel.

Ich bin kein Unmensch; ich würde nie einem Kind die Freude verderben wollen, und ich will auch nicht aufhören, Geschenke zu machen. Aber daß wir diese Überfülle an Luxus so gedanken- und widerspruchslos hinnehmen – das macht mir Sorgen.

Deine grollende Heleen

p. s.: Zurückzukommen auf das Versorgungsproblem: Der Verein Los Vast in der Stadt Den Bosch hat sich der Sorge von Menschen, die vorübergehend Hilfe brauchen, angenommen. Ria van Pelt, der Motor dieser Initiative, vertritt die vernünftige Ansicht, daß man solche Dinge rechtzeitig bedenken und mit praktischer Vorsorge untermauern sollte.

Gut so. Aber ich bin außerdem der Meinung, daß sich unter dem Druck der Umstände manchmal auch ganz überraschende Lösungen anbieten. Ich weiß von mehreren Fällen, in denen sich ganz spontan eine Art Hand-in-Hand-Hilfe formierte; Bekannte, liebe Nachbarn und Freunde fanden sich in Wechselschichten zur Hilfestellung ein.

p. s.: Unbedingt noch eine positive Bemerkung: *Ein* Gebiet, auf dem man noch mit Freude nach Geschenken stöbern kann, gibt es dennoch: die Buchläden.

Freude des Schenkens, liebe Taube –

wovon redest du?

»… schenk mir einfach Geld – ich weiß ja selber am besten, was ich gern haben möchte.«

Geld zu verschenken: Was für eine Verarmung.

Die jungen Menschen von heute scheinen keine Ahnung davon zu haben, welche Freude es *wirklich* sein kann, ein ganz individuelles Geschenk für einen Menschen auszusuchen, der einem nahesteht – auf dem Gesicht des Beschenkten die spontan aufbrechende Überraschung zu erleben…

Bei Kindern kann einem das auch heute noch geschehen – gottlob.

Ich denke daran, wie es früher für mich selbst war (wir feierten zu Haus *Weihnachten* – nicht Sinterklaas!): Jedes Jahr brachen wir in großen Jubel über die neu ausstaffierten Puppenwiegen oder über die von unserer Mutter gefertigten Samtmützchen aus, die wir Wochen vorher mit fest zugekniffenen Augen hatten anprobieren müssen (es sollte ja eine Überraschung werden!).

Und ach – die kleinen Weihnachtsgeschenke des Hungerwinters!

Alles eigenhändig hergestellt – aus Resten oder unbrauchbar Gewordenem neu zugeschnitten, zusammengenäht oder -geklebt; oder vom Munde abgespart. Von meiner Freundin bekam ich feierlich eine Scheibe Brot mit Butter und Pindakaas* überreicht – ich kann mich nicht erinnern, je eine willkommenere Gabe erhalten zu haben!

Etwas von der archaischen Freude des Schenkens überkommt auch mich in den Buchläden. Aber – machen sich Kinder noch viel aus Büchern? Ich hoffe es sehr, denn es gibt zur Zeit ganz Entzückendes auf diesem Gebiet. Manchmal, wenn ich ein Kinderbuch in die Hand nehme und darin blättere, möchte ich es am liebsten mir selbst zum Geschenk machen.

In einer Reportage habe ich kürzlich etwas gelesen, was mich sehr beeindruckt hat: Graham Greene – so heißt es darin – soll gesagt haben, daß in den Jugenderinnerungen nichts so tief verankert sei wie das, was man in der Kindheit gelesen habe; nicht die weisen Ermahnungen der Eltern oder die Lehren der Religionsstunde, sondern was aus unseren Büchern in uns haftengeblieben sei.

Diese Aussage beschäftigt mich stark. Sollte das wirklich auf jedermann zutreffen – zumindest in der westlichen Welt? Für dich und mich mag es gelten, für uns war Lesen gleichbedeutend mit Atemholen. Ich erinnere mich noch genau daran, was für ein überwältigendes Ereignis mein erstes Buch für mich war. Als ich an meinem siebten Geburtstag

* Brotaufstrich aus gemahlenen Erdnüssen

aufwachte, stand es am Fußende meines Bettes gegen die hölzernen Stäbe gelehnt. Ich weiß auch noch, wie es aussah: von großem Format und grau eingebunden – ›Kapitän Buntekuhs Reisen‹ stand darauf, und verfaßt war es von jemandem namens J. Stamperius. Die Blätter waren dick und grob, der Buchschnitt unregelmäßig und wie von Hand gerissen. Es hatte sehr große Buchstaben, und ich habe es unzählige Male gelesen. Kinder sind ja unersättlich in dieser Beziehung, ob sie ihre Bücher nun mit heißen Wangen selber verschlingen oder sie vorgelesen bekommen.

Ich besitze den ›Kapitän Buntekuh‹ immer noch – er gehört zu den Reliquien meines Bücherschranks. Zu einem meiner Buchschätze aus der Jugendzeit – ›Olles erste Schneeschuhfahrt‹ von Else Beskow – paßt Graham Greenes Aussage wirklich. Es ist eine Übersetzung aus dem Schwedischen. Ich habe kein Buch so gehegt und geliebt wie dieses, das von schneeverhangenen Tannen in einem geheimnisvollen Märchenwald erzählt und von dem wunderschönen alten Holzhaus, darin Olles Mutter am Fenster steht und ihrem Jungen ein letztes Lebwohl zuwinkt. Es steht noch alles ganz lebendig vor meinen Augen: die ausgelassene Kinderschar auf ihren Schlitten – Jungen und Mädchen in bunten Mützen und Wämsern.

Ich habe es nicht nur gelesen – ich war mitten unter ihnen, und schon damals stand für mich fest: In dieses herrliche Land will ich später einmal reisen. Es war der Funke, an dem sich meine Liebe zu Norwegen entzündete.

Zum ersten Mal war ich in den dreißiger Jahren dort. Als ich auf Skibrettern durch die verschneiten Wälder glitt, war ich durchdrungen von dem Gefühl: Dies ist die Heimat meines Herzens.

Ich bin insgesamt dreizehnmal hingefahren – winters wie sommers. Du weißt, daß ich nicht ausgesprochen rührselig bin – aber wenn ich wieder einmal im Flugzeug saß und zunächst die Wälder und dann die Steilküste unter mir verschwinden sah, konnte ich die Tränen nicht zurückhalten.

Wenn ich jetzt etwas über Norwegen höre oder lese, berührt mich die Tatsache, endgültig davon abgeschnitten zu sein, sehr schmerzlich. Ich bin zu alt, um je wieder in das Herz der ergreifenden wilden Einsamkeit zurückkehren zu können – auch wenn ich mich wie durch magnetische Ströme immer noch davon angezogen fühle.

Wie ist das: Hast du den Eindruck, daß Menschen unserer Generation besonders viel lesen? Heutzutage, wo eine Operation am grauen Star fast schon als normale Begleiterscheinung des Altwerdens gilt, bleiben einem doch viel mehr Möglichkeiten als damals unseren Großeltern. Ich kann mir noch lebhaft *meinen* Großvater vorstellen, mit einer Lupe – einem dicken gläsernen Ungetüm in Metallhalterung – über die Zeitung gebeugt, um die Tagesberichte über den Krieg (1914–18) zu buchstabieren. Die praktischen vergrößernden Leselineale gab es damals noch nicht.

Manchmal frage ich einen Mitbürger meines Alters: »Lesen Sie viel?« Komischerweise bekomme ich meistens eine Klage zur Antwort: »Ach ja – schon, aber ich vergesse alles so schnell wieder...« Das ist doch keine Entschuldigung! Jedenfalls kann uns das Fernsehen allein *nicht* ausreichend darüber informieren, was die Menschheit in dieser spannenden, zerstörerischen und alle Werte umkrempelnden Zeit bewegt.

Übrigens gibt es für Leute, die wirklich nichts mehr erkennen können oder gänzlich blind sind, die großartige Erfindung des gesprochenen Wortes. Hast du mal einen dieser Kataloge gesehen? Sehr beeindruckend! Ich versuchte es einer blinden Neunzigjährigen aufzuschwatzen; sie beklagt sich stets und ständig darüber, daß sie nicht mehr lesen kann – aber weißt du, was sie sagte? »Ach nein – ich kann solche Stimmen nicht leiden...«

Sie hat immer noch nicht begriffen (und wird es wohl auch nicht mehr lernen), daß Altsein auch bedeutet, täglich von neuem auf uneinlösbare Forderungen zu verzichten...

Deine lesewütige Ann

Liebe Ann –

ist das nicht großartig: Da gibt es gesprochene Literatur für schlechtsehende oder blinde Menschen, und wir sind nicht einmal dankbar dafür. Im Gegenteil – die Stimme gefällt uns nicht. Und das verstehe ich sogar.

Als ich vor Jahren wegen Netzhautablösung im Krankenhaus lag und die Ärzte vorsichtig andeuteten, daß mein Sehvermögen vielleicht nicht wieder hergestellt werden könne, erhob sich vor meinem geistigen Auge die bange Frage: Und auf welche Weise soll ich mir in Zukunft Bücher »einverleiben«?

»Ich lese dir vor«, tröstete mich meine Tochter. Und was entgegnete die nichtswürdige Mutter?

»Hör bloß auf! Das geht mir viel zu langsam.«

Lesen ist eine Funktion der Seele, und ich glaube, das macht den Gedanken, von jemandem abhängig zu werden, so schrecklich. Und *natürlich* geht das viel zu langsam – es ist ja nicht anders möglich! Wenn der Vorlesende die Worte im selben Tempo herunterhaspeln würde, wie man sie liest, könnte man keinen Ton verstehen. Wenn man selbst liest, nimmt man die einzelnen Wörter kaum wahr; man füllt sie aus, bevor man sie richtig erkannt hat.

Und nicht nur das; bei der Übermittlung durch einen Vorlesenden kann so viel schiefgehen: Die

Stimme kann plötzlich in die Höhe schwingen – wo man meint, sie sollte tiefer werden, oder Dinge, die (meiner Meinung nach) ganz *einfach* gesagt werden sollten, unangebracht überbetonen. Schrecklich. In dieser Beziehung reagiere ich wie die Prinzessin auf der Erbse: Ich habe meine eigenen Vorstellungen und Forderungen, und eine falsche Intonation tut mir fast körperlich weh. Ich weiß, daß ich schwierig und unbequem bin – aber um so himmlischer ist meine Freude, wenn jemand in der richtigen Tonlage spricht.

Ein Leben ohne Bücher kann ich mir kaum vorstellen.

Dennoch könnte ich mich an eine besondere Geschichte aus meiner Jugendzeit nicht erinnern – außer vielleicht an die von Bobo dem Affen. Meine ältere Schwester hat sie mir xmal vorgelesen – versäumte dabei aber nie, mich vorher schwören zu lassen, bei Bobos Heldentod nicht in Tränen auszubrechen.

Ich leistete den verlangten Eid ohne Skrupel wieder und wieder, aber *halten* konnte ich ihn kein einziges Mal. Das herzbewegende Schicksal des nichtsnutzigen Affen, der sich zum Schluß für seinen Herrn und Meister opfert, überwältigte mich immer von neuem.

Bücher haben in meinem Leben stets eine große Rolle gespielt; jedenfalls schleppte ich nach glaubwürdigen Aussagen meiner Familie ständig ein Buch mit mir herum, als ich noch gar nicht lesen konnte. Wofür ich es benutzte, weiß ich nicht, auf jeden Fall aber war Lesen schon früh »das straflose Laster« für mich.

Und doch können die frühen Bücher in späteren Jahren auch enttäuschen. Mit meinen Kindern las ich ›Jerun und der silberne Schlüssel‹ – eines jener Bücher, die man endlos vorlesen kann. Mein Ältester kannte einige Passagen sogar auswendig.

Als dann die Reihe an meine jüngsten Enkelkinder kam, wurde die Sprache des Buches schon als ein wenig veraltet empfunden; was aber nicht wegnahm, daß sie es wunderschön fanden. Mein Enkel verstieg sich sogar dazu, selbst etwas von der Feierlichkeit der Sprache zu übernehmen. Auf einem Spaziergang durch die Dünen überraschte er (vier oder fünf Jahre alt) uns plötzlich mit der Bemerkung: »Ich frage mich wirklich, wohin dieser Pfad führt.«

Sprache verändert sich fortwährend – sie wächst einem unter den Füßen weg und über einen hin. Mein Schwager, der zehn Jahre lang im Ausland gelebt hat, staunte bei seiner Rückkehr über alle möglichen Redensarten, die er vorher nie gehört hatte.

In manchen Kreisen gehen die Veränderungen nicht so rasant vor sich, aber unter jungen Menschen werden laufend neue Wörter erfunden, in Umlauf gesetzt und wieder fallengelassen. Mein

Enkel findet Dinge »gaaf«*, was nichts anderes bedeuten kann, als daß irgendwelche Sprachpioniere dieses Wörtchen (das jahrelang als Adjektiv für alles herhalten mußte, wozu einem nichts Vernünftiges einfiel) wieder fallengelassen haben.

Du und ich – wir sprechen natürlich nicht die richtige Sprache der achtziger und neunziger Jahre, das würde wohl auch nicht zu uns passen. In unserem Alter sollte man sich vor den allzu kurzlebigen Modewörtern hüten; in unserem Munde würden sie sich ähnlich unpassend ausnehmen, als trügen wir allzu jugendliche Kleider oder zu unserem Altersgesicht eine wasserstoffblonde Lockenperücke. Aus dem nämlichen Grund aber sagten wir auch nie »gaaf« oder »onwijs«**, und heute scheuen wir uns »echt« zu sagen – wir rufen auch nicht »doeg«*** (obwohl das hier in der Zaangegend, wo es eigentlich herkommt, nicht ungewöhnlich wäre).

Komisch. Mit einem bißchen Scharfsinn und gutem Willen könnte man anhand unseres Sprachgebrauchs feststellen, aus welcher Zeit wir stammen. Wahrscheinlich ist die Jugendzeit (nicht die Kinderjahre, sondern die Zeit des Heranwachsens) bestimmend für die Sprache, deren man sich auch später bedienen wird; zum Teil, jedenfalls. Man macht sich Wörter zu eigen, die der nach uns kommenden

* in etwa: »recht ordentlich« oder »vorzüglich«
** töricht
*** tschüs!

Generation vielleicht schon nichts mehr sagen und die sie deshalb auch nicht mehr benutzt. Ein einzelnes Mal geschieht es sogar zwischen uns beiden, daß du ein Wort einflichst, bei dem ich mir des zwischen uns liegenden Jahrzehnts bewußt werde. Es ist dann eines der wenigen Wörter, das die Zeit, in der *ich* mein Vokabular bewußt zu bestimmen begann, nicht mehr erreicht hat; es war schon aussortiert worden.

Und in diesem Augenblick sind wir in einer Periode angelangt, darin sich die Worte an Dingen orientieren, die uns völlig fremd sind. Die Welt der »Spiel«hallen versorgt uns ebenso mit neuartigen Wörtern wie die Computer oder auch die Drogenszene. Ich bin gespannt, ob wir uns mit der Zeit dennoch anpassen oder ob wir uns ihnen einfach verweigern und unsere Begriffe auch weiterhin der Welt der Mühlen, der Seefahrt und allerlei aus der Mode gekommener Berufe entlehnen werden.

Deine Taube

Liebe Taube!

Nach deiner Theorie sollte jeder scharfsinnige Mensch bei dieser Anrede zumindest ahnen, daß ich »keine Zwanzig mehr« bin (wie man heute die Tatsache, daß man alt ist, so elegant abtut).

Wäre ich ein »Twen«, dann würde ich meinen Brief eröffnen mit »Hallo Taube!« oder »Guten Morgen (... Tag, Abend) Taube« oder einfach »Taube!« – auf keinen Fall aber mit dem Attribut »liebe«, wie es in unsere Briefe immer noch ganz von selber einfließt.

Unsere Sprache ist für die jetzige Zeit, in der man sich möglichst brutal, aggressiv und negativ ausdrückt (es entspricht dem Trend und scheint die einzige Möglichkeit zu sein, auf sich aufmerksam zu machen), einfach zu liebenswürdig und nett. Die Neigung zur Unliebenswürdigkeit behauptet sich schon eine ganze Weile, und von Jahr zu Jahr wird der Zwang dazu ein wenig schmerzhafter.

Ich erinnere mich, daß es mir etwa Mitte der sechziger Jahre in Paris, wo ich für meine Zeitung die jeweilige Winter- und Sommermode zu recherchieren hatte, besonders auffiel: wie verschlossen – fast mürrisch die Menschen auf der Straße dreinschauten, wie unfreundlich sie andere Individuen betrachteten. Es war so augenfällig, daß ich in meine Reportage (sozusagen als Glosse) einflocht, es sei groß in Mode, unhöflich zu sein.

Auf deinen letzten, beschwingten Brief über die Sprache hatte ich dir eigentlich schon viel eher antworten wollen, aber in der Weihnachtszeit und mit all den Feiern zur Jahreswende ist das Leben einfach zu voll. Vor allem für Weihnachten gilt es so vieles zu bedenken, daß ein einzelner Kopf kaum noch dafür ausreicht. Manchmal wünsche ich mir ein *paar* Köpfe, so wie sie die unheimlichen Bergriesen – die Trolle – in den alten norwegischen Märchen haben. Heute morgen aber beschloß ich energisch, weder aufzuräumen noch mein Bett zu machen – keine Blusen zu waschen oder den Meisen Sonnenblumenkerne zu streuen, sondern mich hinzusetzen und an dich zu schreiben.

Und weil ich also keine Zwanzig mehr bin, sage ich nicht: »Ich werde dir ›gelijk‹* eben schreiben.« Es ist ein Unding, dieses Wörtchen »gelijk« – es hat sich wie ein Virus in unsere Sprache eingeschlichen. Früher sagte man »meteen«**; ich werde es »meteen« eben tun. Wer mag die unselige Idee gehabt haben, die beiden Begriffe so zu verbastern? Ich möchte »gelijk« am liebsten mit Stumpf und Stiel ausrotten. Hoffentlich verschleißt es sich von selbst – es verunziert unsere Sprache.

* »gleich« im Sinne von »sofort« oder »gleichzeitig«
** »gleich« im Sinne von »nachher«, »anschließend«

Vielleicht empfindest du auch das Wort »verunziert« als altmodisch, weil ich ja unzweifelhaft »altmodischer« spreche als du. Ich sage zum Beispiel – wenn ich etwas nett finde: »Einzigartig!« oder auch: »einzig!« Wenn meine Schulfreundin, die auch über achtzig ist, von etwas begeistert ist, gibt sie ihm noch einen ganz besonderen *Effet** – »einzig-artig!« ruft sie, jede einzelne Silbe betonend.

Aus deinem Munde habe ich dieses Wort noch nie gehört – wahrscheinlich also ist es ein Ausdruck aus meiner Backfischzeit.

Ich hatte einmal Besuch von einem kleinen fünfjährigen Mädchen. Während es genüßlich seine Tasse Tee schlürfte, erzählte ich ihm so allerhand, und während ich einmal meine Stimme voller Pathos erhob, stellte es lakonisch fest: »Sie sagen immer ›eeenig‹**! ...«

Ja, Kleines – das gehört nun einmal zu meinem weißen Haar.

»Riesig nett« – das ist übrigens auch ein für meine Generation typischer Ausdruck (merkst du was? Ich sage vorsichtshalber »meine« Generation – nicht »unsere«! Die zehn Jahre Altersunterschied zwischen uns beiden scheinen in unserer Wortwahl tatsächlich eine Rolle zu spielen). Ich habe noch keinen der Jüngeren, die etwas »echt Spitze«,

* hier: Drall, Druck
** einzig, einzigartig

»link«, »bärenstark« oder »affengeil« finden, bei dem Wörtchen »riesig« erwischt; es hat wohl einfach nicht genug »power«.

Weißt du noch, was man zu Beginn unseres Jahrhunderts mit »knots«* meinte und für was alles das Wörtchen »leuk«** herhalten mußte? Es konnte gleichzeitig »gelungen« und »komisch«, »reizend« oder »fies«, »drollig«, »fein«, »nett« und »hinterhältig« bedeuten, und ein »Leukerd« konnte genausogut ein angenehmer Mensch sein wie ein Halunke. In einem meiner Kinderbücher wird erzählt, wie ein Junge von seinem Vater aus dem Zimmer gewiesen wird, weil er das Wörtchen »leuk« benutzt hatte.

Das Wort »Sex« übrigens war absolut tabu; wenn ein Mädchen nett aussah, sagte man: »Sie hat s. a.«, um nicht »sex appeal« sagen zu müssen.

Schade, daß sich unsere Sprache so vergröbert hat. In der Randstad*** merkt man das naturgemäß mehr als im restlichen Land. Findest du es auch so unangenehm, von »meiden«**** sprechen zu sollen? Aber ich frage mich wirklich, wie man es nun eigentlich benennen soll – dieses Lebensalter »zwischen Serviette und Tafeltuch«, wie es früher genannt wurde. Teenager – die sich in meiner Ju-

* eine »Wucht«
** sprich: löök
*** Amsterdam
**** gewissermaßen die jüngere Ausgabe von »Weibern«

gend als »Backfisch« verstanden – sind sie nicht mehr. Eigentlich müßte man sie danach »junge Dame« oder »junge Frau« nennen, aber das hört sich für das junge Volk in Nietenhosen, mit Büscheln unsortierter Haare auf dem Kopf und einem Auftreten von der Sorte »*Noch* jemand ohne Fahrschein –?«, unzweifelhaft zu brav an.

Die liebreizende Spezies »junges Mädchen« oder »junge Dame« ist in Sprache und Erscheinungsform leider ausgestorben. Genauso wie der Laternenanzünder aus unserer Jugend, wie Ascheneimer, Torfkasten, Gasstrümpfchen, Tintenläppchen, Schürze und Keilkissen. Und für alles, was da sang- und klanglos von der Bildfläche verschwindet, gibt es eine Unzahl »newcomer«; denk nur – um hautnah bei uns selbst zu bleiben – an *panty, slip, maillot*... Sehr unterhaltsam, das alles kennenzulernen.

Deine altmodische Ann

Liebe Ann.

Dieses »riesig nett« hat sich doch eine ganze Weile gehalten. Ich sage es auch unabsichtlich noch ziemlich oft – genau wie »eenig«. Nein – die zehn Jahre zwischen uns zeigen sich nur in winzigen Unterschieden; bei zehn Gesprächen vielleicht in einem einzigen Wort.

Über Computer habe ich mich ja schon ausgelassen. Seit einigen Tagen weiß ich, was ein »print out« ist: eine Liste mit Daten und Fakten. Wenn man zum Beispiel ein Haus kaufen möchte, schickt einem der Makler einen Auszug aus seinem Computer. Hinzugelernt habe ich auch, daß man alles, was man behalten möchte, auf einem »Floppy« speichern kann. Hast du je so ein schlampiges, unzuverlässiges Wort gehört?

Manchmal bin ich in der Stimmung, mich solcher Dinge zu bedienen – mich anzupassen, meine geringen Kenntnisse zu vertiefen. Aber es gibt auch Augenblicke, wo sie mir einfach zuwider sind. Und dann merke ich, daß es um die Emanzipation der Alten (jedenfalls um meine) ziemlich trüb bestellt ist.

Du bist immer so positiv eingestellt, daß du oft genug die negativen Dinge gar nicht bemerkst. Aber in einem Gespräch mit deiner Altersgenossin Anne

Mulder hast du dich letzthin köstlich amüsiert, weil sie so erbittert gegen die allgemein herrschende gönnerhafte Haltung gegenüber Älteren zu Felde zog. Nun, ich muß gestehen, daß auch ich mich mit einer solchen Haltung nicht anfreunden kann.

Wie oft habe ich das Gefühl, daß bei Gesprächen viel weniger meine Person als mein Alter im Vordergrund steht! Meine Gedanken und Äußerungen werden zunächst in die Kategorie »Was ältere Menschen denken« einsortiert (natürlich zu Unrecht). Ich bin Oma – ein allgemein als rückständig betrachtetes Etwas. Vor einiger Zeit konnte ich zwar stolz vermelden, daß meine älteste Enkelin – als jemand sich über ihre »Omi« ausließ – kühl erklärte: »Meine Oma ist keine ›Omi‹ « – aber die Zeit steht nicht still. Unversehens ist man eben doch wieder Oma – »kleine Omi«, mit erstarrten oder verknöcherten Vorstellungen.

Bei meinen Gesprächspartnern entdecke ich dann ein geradezu hemmungsloses Bedürfnis, meine Behauptungen und Erzählungen in längst versunkener Zeit anzusiedeln.

Natürlich sollte ich klug und großmütig genug sein, über solche Lappalien einfach hinwegzusehen, aber soviel Weisheit hat das Leben mich leider bis jetzt nicht gelehrt.

Da erzählte ich zum Beispiel kürzlich etwas über Moskau, und jemand unterbrach mich hastig: »... aber das ist doch sicher schon lange her –?«

»Nein«, entgegnete ich, »das passierte voriges Jahr.« Ich gab mir gar keine Mühe, meine Stimme freundlich klingen zu lassen.

Was ich damit sagen will: Ich durfte nichts Aktuelles erzählen – dafür war ich zu alt.

Vielleicht war die Situation zu deiner Zeit etwas geordneter. Du hast dich zu gegebener Zeit pensionieren lassen und dich danach mit Dingen befaßt, zu denen man dich ganz speziell und mit der gebotenen Achtung und Rücksichtnahme einlud.

Ich habe »free lance«* gearbeitet, wurde fünfundsechzig und machte weiter – obwohl ich manchmal das Gefühl hatte, etwas Unrechtes zu tun; es bedrängte mich besonders dann, wenn der Leiter meines jeweiligen Ressorts in Rente ging und ein Jüngerer seinen Platz einnahm. Zuerst also hatte ich mich an jemanden zu halten, der mein Sohn hätte sein können – der nächste dann vielleicht mein Enkel. Und das konnte auf die Dauer natürlich nicht gutgehen. Ich bin darüber weder verbittert noch erstaunt – der Abstand zwischen Jungen und Alten ist existent, vor allem im Beruf. Die Jungen erobern sich einen Platz, sie setzen sich ein Ziel und führen Neuerungen ein, und da passen alte Menschen nicht mehr hinein. Selbst wenn man gedanklich wunderbar mit ihnen harmoniert: Unser Aussehen spricht gegen uns; und

* als freie Journalistin

sie sind es so leid, unseren Namen nennen zu hören.

Doch obwohl ich all dies weiß, werde ich manchmal wütend – nein: fuchsteufelswild. Diese Rotznasen, Milchbärte! Wie wenig sie wissen! Und wie wenig Talent sie haben, sich in andere Zeiten oder Situationen zu versetzen! Für sie ist die ganze Vergangenheit nichts als ein Klischee in Schwarzweiß.

Ja, und dann zitiere ich, was mich früher selbst zornig gemacht hat und was ich nie sagen wollte: »Damals, zu meiner Zeit...«

Wirklich: Die Kluft zwischen den Generationen klafft unüberbrückbar weit auseinander. Es ist schlimm und es wird nie wieder gut.

Heleen

die Kluft zwischen den Generationen: Ich glaube, sie ist so alt wie die Menschheit selbst. In der Bibel kommt sie wiederholt zur Sprache, und im Leviticus (3. Buch Mosis, Kapitel 32) kannst du in einem der letzten Verse nachlesen, daß »die Jungen sich erheben sollen angesichts eines Greises und Ehrfurcht zeigen gegenüber den Älteren«.

Du siehst: Das war auch damals schon nicht selbstverständlich; die jungen Menschen mußten belehrt werden, daß es ihnen nicht zustand, Alte wie unnütze Wesen zu verachten oder zu kujonieren.

Etwas unfreundlicher steht es im Buch der Könige, wo vom Propheten Elias die Rede ist:

Elias, ein alter Mann, erklomm mühsam den Pfad aus dem Tal von Jericho herauf zum Berge Karmel. Ein Haufen kleiner Bengel kam ihm entgegen und machte sich über ihn lustig –: »Los, Kahlkopf – ein bißchen hoppla! Alter Kahlkopf, los, komm rauf…« Aber Elias war nicht der Mann, sich so was gefallen zu lassen. Er wandte sich um, sah sie an und verfluchte sie im Namen des Herrn. Und in Vers 24 steht weiterhin zu lesen: »Da kamen zwei Bären aus dem Walde und zerrissen der Kinder zweiundvierzig…« (Ziemlich rüde Methode, die Jugend Mores zu lehren!)

»Alt« hat es immer gegeben und wird immer sein, und es wird immer wieder die gleichen Probleme und Überraschungen hervorbringen.

Moses seufzt im Buch Deuteronium (5. Buch, Kap. 31, Vers 2): »Ich bin heute hundertzwanzig Jahre alt; ich kann nicht mehr aus noch ein gehen...« Er ist zu nichts mehr in der Lage.

Ich kann mich so gut in Mosis Lage versetzen – ich fühle mit ihm. Mein Leben ist zwar noch nicht so alt, wie damals seines war, ich bin erst etwas über achtzig. Aber wenn ich mich wieder einmal so richtig angezählt fühle, fällt mir Moses ein – ohne bestimmten Grund, einfach, weil ich schon so lange auf der Welt bin, weil ich so viel in mich aufgenommen, so viel getan und auf so vieles verzichtet habe – was ja *auch* zählt.

Dennoch kann ich mich in dem achtzigjährigen Gileaditer Barsillai (zweites Buch Samuel) nicht erkennen. Barsillai war ein reicher Mann, er hatte David, seinem König, bei der Durchschreitung des Jordans hilfreich zur Seite gestanden; es war ja nicht nur ein gewagtes, sondern auch ein sehr kostspieliges Unternehmen.

Barsillai war dem König sehr zugetan, doch als David ihm anbot, mit ihm nach Jerusalem zu ziehen, damit er ihm dort seine Treue vergelten könne, gibt er (in Vers 35/36) dem König zur Antwort: »Wie lange habe ich noch zu leben, als daß ich mit meinem König nach Jerusalem ziehen könnte? Ich bin heute achtzig Jahre alt – wie sollte ich (dort) erkennen, was gut ist oder böse? Wie sollte ich schmecken, was ich esse oder trinke? Die Stimmen der Sänger oder Sängerinnen rühren mich nicht mehr. Warum sollte dein Knecht, Herr, seinen König fürder beschweren –?«

Daß ein Mensch über achtzig die guten Dinge des Lebens nicht mehr so richtig zu genießen vermag, ist keine Seltenheit. Aber es gibt auch genügend Hochbetagte, die dank medizinischer Vorsorge bestens in Schuß sind und ihr Leben genießen. Und im Gegensatz zu Barsillai hörte ich kürzlich ein achtzigjähriges Geburtstagskind verkünden: »Ab sofort werde ich alles essen und trinken, wonach mir der Sinn steht. Tag für Tag und so lange es mir schmeckt.«

Es gab übrigens auch im Altertum »so 'ne« Senioren und »solche«. In dem Buch, das seinen Namen trägt (Kap. 14, Vers 10/11), erfährt Josua von einem gewissen Kaleb, der Mose vor Jahrzehnten als Kundschafter gedient hat: »... und siehe: Ich bin jetzt fünfundachtzig Jahre alt und bin noch heutigentags so stark wie ich war, als Mose mich aussandte. Meine Kraft ist noch genauso groß wie damals, sei es im Kampf oder worin auch immer.«

Kaleb war natürlich eine Ausnahme; aber wesensstarke alte Männer gibt es auch heute noch, und das ist gut so. Wir brauchen sie.

Du kennst sicher auch die Legende vom König David (Feministinnen werden *keine* Freude daran haben!): Der arme, steinalte König konnte nicht mehr warm werden, so daß seine Höflinge übereinkamen, für ihren Herrn eine Jungfrau zu suchen, die in seinem Schoße schliefe und ihn wärme.

Ein Mädchen – schön und willig – wurde gefunden, und es war ihm (dem Mädchen) ohne Zweifel eine große Ehre. Ob es ihm auch gefiel, stand nicht zur Debatte.

Heutzutage brauchte man dem König einfach eine elektrische Thermodecke zu stiften.

Von den alten Frauen in der Bibel beeindruckt Sara mich am stärksten. Sie wurde hundertsiebenundzwanzig Jahre alt. Christianne Méroz, Psychologin und Klosterfrau (gute Kombination!) von der protestantischen Vereinigung Grandchamp, hat versucht, ihr in dem Büchlein ›Waren sie freie Frauen?‹ auf die Spur zu kommen. Christianne Méroz erklärt, daß – nach Auslegung des hebräischen Textes – »... 127 Jahre ein Leben von hundert Jahren plus zwanzig Jahren und sieben Jahren« bedeutet. »Mit hundert Jahren war sie so schön wie mit zwanzig, und mit zwanzig so unschuldig wie mit sieben.«

Nun denn.

Aber damit will ich dieses Thema beschließen.

Wenn ich nämlich fortführe, all den Schlaglichtern nachzuspüren, die gegenwärtig auf das kostbare alte Buch fallen, gäbe es des Erzählens kein Ende.

Deine Ann –
noch nicht in spezifisch biblischem Alter.

Liebe Ann –

eigentlich hege ich an den in der Bibel genannten hohen Lebensaltern immer so meine Zweifel. Mangels schriftlicher Überlieferung muß man wohl davon ausgehen, daß sie auf Schätzungen beruhen. Möglicherweise haben sich die Geschichtsschreiber auch bei ihren Nachforschungen über das Leben der biblischen Gestalten einmal verzählt oder den Faden verloren und dann einfach über den Daumen gepeilt: Ein derart ausgefülltes Leben muß mehr als hundert Jahre gedauert haben.

Wenn wir uns nicht an den standesamtlichen Registern orientieren könnten, würde ich gelegentlich wohl auch mit großer Überzeugung behaupten, ich sei hundert Jahre alt. Die Überfülle der hinter mir liegenden Geschehnisse könnte einen solchen Zeitraum mit Leichtigkeit ausfüllen.

Mein letzter Brief schloß mit der Beteuerung, es werde zwischen den jungen Menschen und mir keine Versöhnung geben. Inzwischen ist meine Erregung längst wieder verebbt. Gefühle sind wie die Wogen der aufgewühlten See: Sie schleudern uns hoch und lassen uns wieder fallen: Zornig, sehr zornig, entrüstet, fuchsteufelswild – und auf einmal herrscht wieder Stille. Und dann gibt es niemanden, der mehr Verständnis für die Jugend aufbrächte als ich. Auch das ist natürlich nicht richtig, denn irgendwo versteckt sich die Unvereinbarkeit eben doch. Und just dadurch, daß man es bestreitet, trifft es einen immer wieder mit voller Wucht.

Nebenbei übrigens möchte ich mir zu sagen erlauben, daß das Verständnis der Jungen für uns Alte minimal ist. Vielleicht bemühen sie sich ja (ab und zu wenigstens), ihr Bestes zu tun – aber sie kennen einfach nicht den langen Weg, den wir zurückgelegt haben, bevor sie überhaupt auf der Welt waren – und dieses »Sagen-hören« scheint auf die Dauer entsetzlich langweilig zu werden.

»Okay – okay!« rufen sie verzweifelt, wenn man ein ernstes Wörtchen mit ihnen reden will – »Das wissen wir nun langsam: Ihr wart die reinen Tugendbolde, habt von klein auf schwer gearbeitet, habt jeden Cent zweimal umgedreht und wart dankbar für das, was ihr hattet...«

Ich gebe zu, daß solches – wenn man es öfter als einmal hört – einschläfernd wirkt. Dennoch haben wir nicht nur das Recht, sondern auch die Pflicht, ermahnende Worte zu sprechen. »Ich wäre doch keinen Schnipser vor meiner Nase wert, wenn ich immer den Mund hielte!« pflegte meine Mutter zu sagen. Und so ist es. Aber wir können nicht erwarten, daß die Jungen gebannt an unseren Lippen hängen, wenn wir sie tadeln, und *keinesfalls* sollten wir uns einbilden, daß sie aus Tadel oder gutem Rat praktische Schlußfolgerungen ziehen würden.

Soeben versucht mich jemand davon zu überzeugen, daß die Kluft zwischen Jungen und Alten im täglichen Umgang miteinander tiefer sei als zum Beispiel zwischen alten Leuten und Ausländern. In einem Mehrfamilienhaus käme es, wenn Alte und Junge auf derselben Etage wohnten, immer wieder zu Streitigkeiten. Wie findest du das?

Da bin ich wohl doch nicht die einzige, der die Liebedienerei vor allem, was jung ist, zuweilen sauer aufstößt. Und manchmal möchte ich mich am liebsten irgendwohin zurückziehen und mit netten Altersgenossen in angemessener Umgebung nur noch die Sprache unserer eigenen Zeit sprechen.

Seitdem wir übrigens durch unser erstes Buch so viel Kontakt mit neuen Kreisen bekommen haben, ist das Gefühl der Zusammengehörigkeit größer geworden.

Was mich aber immer noch baß erstaunt, sind der Mut und die im wahrsten Sinne des Wortes noch vorhandene Lebenserwartung bei vielen Siebzigjährigen, die noch Heiratsabsichten haben.

Einerseits bewundere ich das sehr: so vital zu sein, noch mitten im Leben zu stehen und die ganze Skala von Gefühlen spielen lassen zu können. Es ist eine Gnade, so lange damit umgehen zu können.

Andererseits aber – ja, wie soll ich das erklären?

»... um der Einsamkeit zu entgehen«, lautet das

Motto vieler Heiratsannoncen. Aber kann man der Einsamkeit (die ja *in* uns wohnt) wirklich entgehen? Und lädt man dem pontentiellen Lebenspartner nicht eine unzumutbare Last auf, wenn man ihn (oder sie) praktisch verpflichtet, uns von der Einsamkeit zu »erlösen«?

Einsamkeit ist – wie ich meine – ein Aspekt des Lebens, mit dem man sich früher oder später versöhnen muß. Oder glaubst du, man könnte der Einsamkeit bis ans Ende seines Lebens ein Schnippchen schlagen? Ich würde es als eine Art Fahnenflucht betrachten; aber hin und wieder bemerke ich doch, daß man mich zu schwerfällig findet.

Sag *du* mir doch ein erlösendes Wort!

Muß man die Einsamkeit wirklich auflösen (und wenn ja: Wie macht man das?), oder ist sie ein Teil des Lebens?

Deine Taube

p. s.: Ich muß unbedingt noch mal auf deine Behauptung zurückkommen, Menschen, die schlecht oder nur leicht schlafen, träumten nicht. Man braucht nur einen kleinen Fetzen Schlaf, um einen ellenlangen Traum darin unterzubringen. Denk nur an die berühmt-berüchtigten Träume, wenn es schellt oder eine Glocke läutet. Im selben Moment, da der Träumende das Geräusch registriert, widerfährt ihm eine ganze Geschichte, worin Glocke oder Klingel eine Rolle spielen.

Nein, Ann – das Zeitbewußtsein ist im Schlaf anderen Regeln unterworfen als in wachem Zustand. Und Träume sind für alle Menschen da.

Liebe Taube –

irgendwo (frag mich nicht, von wem es stammt, wann und in welchem Blatt ich es gelesen habe – du weißt ja, wie es um unser Gedächtnis bestellt ist, und ich werde dir gleich noch etwas Treffendes darüber berichten) – irgendwo also habe ich eine sehr gute Definition über die Einsamkeit gelesen. Was mich darin am stärksten berührt hat und was haftenblieb, ist folgendes:

Einsam ist man, wenn man negativ eingestellt ist – *allein*, wenn man positiv denkt.

Die meisten Menschen glauben, wenn man allein sei, dann müsse man sich zwangsweise auch einsam fühlen – aber das ist keineswegs so. Du und ich – wir sind allein, aber (wenigstens bis jetzt) nicht einsam. Noch haben wir beide wie einen Schwarm tanzender Mücken immer viel zuviel im Kopf und um die Hand, was uns interessiert. Wir sind durch unsichtbare Fäden mit Menschen verbunden, die uns, ob nah oder fern, lieb und teuer sind. Und die wir ebenso brauchen wie sie uns.

Dennoch bin ich der Überzeugung, daß man der Einsamkeit auf die Dauer nicht entkommen kann – ebensowenig wie etwa einer Grippe. Die Einsamkeit gehört zum menschlichen Leben – es sei denn, man wäre ein Siamesischer Zwilling. Der Mensch ist ein Einzelwesen, und damit hat man sich unter allen Umständen abzufinden. Eine große Rolle spielt natürlich die persönliche Veranlagung: Wer kontaktbereit ist, hat wahrscheinlich weniger unter Einsamkeit zu leiden als ein introvertierter Mensch.

Doch wie immer man auch erschaffen sein mag: Irgendwann überfällt sie uns alle einmal, die Einsamkeit.

Ich erinnere mich, vor längerer Zeit an einem dunklen Abend durch eine mir unbekannte Stadt gehastet zu sein. Die Läden waren hell erleuchtet und Tausende von Menschen unterwegs, aber ich hatte die Orientierung verloren – ich wußte absolut nicht mehr, wo ich war. Die Masse der fremden Menschen um mich her machte mir Angst, ich fühlte mich hilflos und ganz plötzlich zutiefst einsam.

Aber es war eine andere Einsamkeit als die, wie ich sie in meinen jungen Jahren in Norwegen erlebte: auf der »Vidda«, der riesigen, lautlos stillen Hochebene, auf der sich kein Leben zu befinden scheint. Sie sprang mich an wie ein Ungeheuer, gewaltig und atemberaubend, eine Art kosmischer Angst vor vollkommener Verlassenheit – mutterseelenallein zu sein, ein Nichts inmitten der überwältigenden Schöpfung.

Wahrscheinlich wurzelt es darin, daß man sich irgendwo nicht aufgenommen fühlt. Doch es sind natürlich nur plötzliche, kurze Augenblicke der

Einsamkeit, während das, was *du* im Sinn hast, wahrscheinlich die länger andauernde betrifft.

Man liest und hört ja immer wieder von einsamen alten Menschen. Soweit es keine menschlichen Bindungen mehr für sie gibt – sie aus allem herausgewachsen sind, was ihrem Herzen einmal nahestand und dem sie sich zugehörig fühlten, ist das verständlich. Je älter man wird, um so größer wird die Einsamkeit; sie findet immer mehr freien Platz in unserer Umgebung, darauf sie sich niederlassen kann – vor allem jetzt, da die nächste Generation trendgemäß fast nur noch in lockeren Bindungen lebt.

Ist es dir auch schon zu Ohren gekommen, daß Menschen unseres Lebensalters praktisch bereits beim Erwachen unter Depressionen leiden –? Per Zufall erreichte mich diese Nachricht jetzt von mehreren Seiten – natürlich streng vertraulich. Auch das wird – so meine ich – mit *beidem* zusammenhängen: mit der Einsamkeit ebenso wie mit dem Alleinsein.

Was hat man denn auch noch zu erwarten, wenn man alt und einsam ist! Wo holt man ein bißchen Freude her, um den Tag damit zu beginnen? Freude – nun, ich sehe schon, wie du die Stirn runzelst, also korrigiere ich mich: einen festen Halt, der einem für den anstehenden Tag ein wenig Hilfestellung leisten könnte…

Früher gab es immer etwas, das man tun *mußte* –

was von einem erwartet wurde, was auf einen wartete. Für viele unserer Altersgenossen ist das alles weggefallen. Es gibt keine Spannung mehr, kein Abenteuer – immer weniger Erwartung und zusätzlich die Aussicht, daß sich das unvermeidliche Ende nähert. Dann muß man sich – um das Alleinsein zu etwas Positivem zu machen – innerlich schon etwas zu bieten haben.

Als »single« weiß ich natürlich nicht (aber ich kann es mir vorstellen), wie schrecklich die Einsamkeit sein kann, wenn man seinen Lebenskameraden verloren hat und ohne ihn weitermachen muß. Manchmal hilft die Zeit, die Einsamkeit wieder zu füllen – aber ganz verschwinden wird sie nie mehr; irgendwo in uns wird sie ein Plätzchen finden, darin sie sich fest einnistet.

Aber zum Schluß noch die angekündigte treffende Umschreibung für unser schwindendes Gedächtnis. Es stammt aus einem Interview der Zeitschrift ›Leeftijd‹* mit dem achtzigjährigen Took Heroma-Meilink, der früher selbst Redakteur der Zeitschrift war und gleichzeitig Mitglied der TWEEDE KAMER**:

»... das ist nicht so wie bei Menschen von fünfunddreißig, die rasch einmal sagen: ›Ich kann *auch*

* ›In unserem Alter‹
** die »Tweede Kamer« gehört zur niederld. Regierung

nie auf einen Namen kommen –‹. Nein, es greift viel tiefer – es sind ganze *Brocken*, die man nicht mehr reproduzieren kann! Und wenn man mit Kollegen, die noch mitten im Beruf stehen, Fragen von Interesse besprechen will, ist das sehr hinderlich. Die Fünfundfünfzigjährigen drücken sich gern vor Gesprächen mit Alten, die alle naselang Namen verwechseln oder etwas nicht mehr wissen.«

Traurig, aber wahr; es trifft den Nagel auf den Kopf.

Deine Ann –
die trotzdem keine Depressionen kriegt.

Liebe Ann –

ganz plötzlich rauscht, braust, säuselt, klingelt und rasselt es um mich her. Die Verkäuferin ruft verzweifelt: »*Was* sagen Sie? Ich kann Sie nicht verstehen!«

Als ich das Geschäft verlasse, knallt direkt neben mir – am hellichten Tag! – ein Schuß; ich falle von einem Schreck in den anderen.

Aber der Schuß ist in Wirklichkeit nur eine Tür, die ins Schloß fällt. Überhaupt ist alles ganz normal – ich will dir nur erklären, was passiert, wenn ich mein Hörgerät in die Ohren setze. Ich war wieder mal zu nachlässig, habe es nicht richtig eingestellt (es ist mit der Fingerspitze ganz einfach zu regeln), weshalb es viel zu laut ist; die Welt um mich her birst vor Lärm.

Und das ist der Grund, warum man mich im Geschäft nicht versteht. Die Lautstärke der Stimme richtet sich danach, was man selbst davon hört (in meinem Fall ist es sehr wenig), und darum sprechen Schwerhörige ohne Gerät auch sehr laut. Ist das Hörgerät aber zu laut eingestellt, spreche ich beinah unhörbar leise.

Natürlich werde ich mich mit der Zeit daran gewöhnen, das Gerät richtig zu behandeln, aber ich glaube, ich habe überhaupt ein bißchen zu früh damit angefangen. Ich verstand alles noch leidlich gut, aber es ging mir um die Feinheiten. Und jetzt, da ich wieder besser verstehe, was gesprochen wird, bin ich nicht einmal besonders dankbar; die Tonqualität läßt sehr zu wünschen übrig – das Gerät differenziert nicht ausreichend, das heißt: Die Geräusche sind alle gleich laut – sie überschlagen sich in meinem Gehörgang.

»... aber ich werde ja immer schwerhöriger«, sage ich hoffnungsvoll zu meinem Sohn – »und dann habe ich *mehr* davon.«

Was er für eine ziemlich blöde Bemerkung hält.

Eigentlich rede ich ja auch nur davon, um das Thema aus der Sphäre des unheimlichen »Verfalls« zu lösen – aus der »Tabusphäre«, wie wir es heutzutage so effektvoll nennen. Und dabei ist es doch nur ein Hilfsmittel wie viele andere – wie eine Lesebrille etwa. Aber so sehen es die Menschen leider nicht. Wenn man ihnen eröffnet, man habe sich ein Hörgerät angeschafft, sind sie sichtlich ein wenig schockiert.

Doch jetzt was anderes. Vorige Woche war ich in Velp, im Senioren-Wohnheim »Abendsonne«; du weißt ja, daß man uns ein paarmal kritisiert hat, weil wir in unserem ersten Buch vermeintlich zu negativ über Altersheime geschrieben haben.

Die »Abendsonne«-Leute haben mich sehr freundlich empfangen und mich durchs ganze Haus geführt, sie haben mir den Tagesablauf geschildert und alle die Annehmlichkeiten aufgezählt, die man – wenn man allein wohnt – natürlich nicht hat: Ausstellungen, Konzerte – alles zum Greifen nah, ferner Gesprächsrunden und dadurch Kontakt mit anderen, etwas, das gerade im Alter, wo so vieles um einen her einfach auf Nimmerwiedersehen entschwindet, von großer Bedeutung ist.

Sicher: Im Umgang mit anderen wird es dann und wann auch einmal Reibereien geben, aber wo wäre der Mensch *wirklich* abgesichert gegen sämtliche negativen Nebenerscheinungen? Das Leben ist nun einmal so, wie es ist.

Übrigens haben die Wohnräume Dusche und Toilette, aber es gibt auch ein Badezimmer mit herrlich geräumigem Becken und Fitneßgeräten zur allgemeinen Benutzung; Frisör und Fußpflegerin befinden sich in unmittelbarer Nähe. Die beiden Letztgenannten kämen mir schon jetzt sehr gelegen; all die Termine, die man vereinbaren muß, um seinen gebrechlichen Körper in annehmbarem Zustand zu erhalten: mit dem Arzt, dem Frisör, der Pediküre… Die Pediküre! Mir fällt ein, daß ich buchstäblich schon seit acht Monaten mit dem Vorsatz herumlaufe, mich bei ihr anzumelden.

Menschen, die eigentlich auch alleinwohnen könnten, habe ich in der »Abendsonne« *nicht* getroffen. Von einem bestimmten Lebensalter an wird die Selbständigkeit einfach eine zu mühselige Angelegenheit. Ich habe mich mit Bewohnern des

Hauses unterhalten: Sie zeigten sich erleichtert, hier Zuflucht gefunden zu haben; sie sind froh, sich mit dem Gespenst des »stell dir vor, du würdest krank …« nicht mehr herumschlagen zu müssen. Eine gute Sache also. Die Privatsphäre bleibt gewahrt, doch gleichzeitig weiß man sich in guter Hut.

Für die Möglichkeit, daß zur Stabilisierung meines Lebens »mit mir selbst« ein Haufen Leute eingeschaltet werden müßten, kann ich keine Begeisterung aufbringen. Ich weiß es aus Erfahrung. Im Krankenhaus – und später im Pflegeheim – machte es mich schon nervös, daß meine Kinder laufend hinbeordert wurden. Ich glaube, daß ich im Ernstfall lieber den großen Schritt wagen und in ein Altersheim ziehen würde.

Ich finde es unerträglich, daß jetzt von oben herab beschlossen werden soll, die Lebensform für Ältere, wie sie in Velp praktiziert wird, habe ab sofort aufzuhören. Und die Obrigkeit ist schlau genug, sie bereits jetzt auf besondere Weise zu unterminieren: Diejenigen, die neu aufgenommen werden wollen, müssen so hinfällig sein, daß sie eigentlich schon in ein Pflegeheim gehörten; solche Menschen also, die sich weder miteinander beschäftigen noch gar irgendwelche Eigeninitiativen entwickeln können …

Es hilft alles nichts: Wir müssen hier in unserem Land alle Kräfte mobilisieren, die sich wirksam für die Alten einsetzen könnten – die unser Recht, das Leben nach unseren eigenen Vorstellungen gestalten zu können, wirksam verteidigen.* In Amerika ist die Altenlobby schon so stark, daß sie wirklichen Einfluß auf die Regierung hat.

Unsere Bevölkerung überaltert mehr und mehr, und wenn ich diesen Zustand auch nicht begrüße, so meine ich doch, daß die Alten nicht zu einer schweigenden Mehrheit verkommen sollten.

Aber inzwischen hat sich schon einiges in Bewegung gesetzt. Die Alten liefern echte Leistungen, und man kann nur hoffen, daß sie sich nicht aufhalten lassen, sondern damit fortfahren!

Deine aktive Taube

* In den Niederlanden gibt es drei von der Sozialgesetzgebung geförderte Wohnformen für Senioren: Altenwohnheim, Altenheim und (sozusagen als letzte Station) das Pflegeheim. Das Altenwohnheim soll aus Kostengründen wegfallen.

Liebe Taube!

Unsere Politiker, die sich anmaßen, das Leben von uns alten Menschen aus ihrem Elfenbeinturm heraus zu dirigieren, brauchen selbst natürlich *nicht* auf knotigen Füßen durchs Leben zu gehn; ihr Tatendrang ist unverbraucht und wird durch nichts gebremst, und da liegt der »Knackpunkt«: Sie können sich nicht im geringsten ins individuelle Dasein ganz normaler Bürger hineinversetzen.

Und *du* möchtest also später lieber in ein Altenheim ziehen (eine ziemlich verschwommene Bezeichnung für das Zwischending von Seniorenwohnheim und Pflegestation), als in der Not Kinder, Enkel, Nachbarn oder Freunde um Hilfe zu bitten.

Nun, *ich* würde – wenn ich mich nicht mehr selbst versorgen könnte – die Hilfe meiner Mitmenschen wahrscheinlich gern annehmen. Aber das liegt in meiner Natur. Für dich ist »Geben seliger als Nehmen«. Ich gebe zwar auch gern – aber ich nehme auch gern etwas an. Geburtstag zu haben und kleine Geschenke zu bekommen, finde ich mit meinen achtzig Jahren noch genauso schön wie früher mit acht.

Aber ich muß dich wirklich schelten, daß du den notwendigen Besuch bei der Fußpflegerin schon seit Monaten vor dir herschiebst. Sie kommt doch ins Haus! Und die Versorgung deiner Füße gehört zu den wichtigsten Dingen. Die Füße sind unsere Schwingen – denk daran!

Natürlich ist es schön, soviel Bequemlichkeiten wie in Haus »Abendsonne« genießen zu können, aber die tägliche Sorge für den alternden Leib: alles, was zu welken beginnt, noch ein wenig in Blüte zu erhalten, dafür ist man selber zuständig; ein Kleckschen Salbe hier, Creme für dies oder jenes, ein vernünftiges Haarwaschmittel und Hautöl für den Rücken.

Durch die ganze Luftverschmutzung, der wir täglich ausgesetzt sind, werden wir immer anfälliger für Allergien. Aber wir können uns der Luft ja nicht entziehen – ebensowenig wie die Fische ihrem Wasser im Aquarium.

Dann gibt es obendrein noch so kleine Lärmverstärker, die man morgens ins Ohr hinein und abends wieder herauspraktizieren muß und die, wenn man sie nicht richtig bedient, Töne von sich geben wie ein Wurf junger Mäuse in Todesangst. Noch bin ich nicht so weit, selbst so einen Apparat benutzen zu müssen, aber das jämmerliche Gepiepe ist mir von einer Schwimmkameradin her bestens bekannt.

Apropos Fußpflege: Ich hasse dieses Herumfummeln an mir selbst. Wie herrlich wäre es, eine Kammerfrau zu haben, die einem beispielsweise stundenlang die Haare bürsten könnte (sofern genug Haar vorhanden wäre)!

Weißt du, ich schmökere gerade wieder mal in ›Anna Karenina‹, diesem Juwel der russischen Literatur. Anna ist soeben mit dem Nachtexpreß unterwegs von Moskau nach St. Petersburg, und sie sagt zu ihrer alten Zofe: »Gib mir mein Eau de toilette«, und die Erfrischung wird ihr mit liebevoll sorgender Hand gereicht ... Wunderbar!

Während der Jahre, als ich noch für meine Zeitung nach Paris fuhr, um über Mode zu berichten, hörte ich von einer sehr kostspieligen Madame, die all ihre Kleider bei Chanel arbeiten ließ. Sie trug ausschließlich seidene Unterwäsche mit eingesticktem Monogramm. Tag für Tag zog sie ein neues Hemd an, und wenn sie es abends achtlos von der Schulter gleiten ließ, durfte ihre Kammerzofe es aufheben und an Madame's jeweiligen Liebhaber weitergeben.

Aber wir beide sind leider unsere eigene Kammerfrau, und du hast mir einmal erzählt, daß dir das ganze Getue um dich selbst (einschließlich der gymnastischen Übungen, mit denen du deinen reparierten Arm beweglich hältst) zuweilen *so* lästig ist, daß es dich einfach davon abhält, morgens spontan aufzustehn. Ob du es nun aber morgens oder abends erledigst: es gehört zum Verschleiß des Körpers und muß einkalkuliert werden. Wenn du dich aber schon beim Erwachen deprimiert fühlst oder zumindest Schwierigkeiten hast, den richtigen Dreh zu kriegen, ist das sehr lästig – das gebe ich zu.

Und jetzt muß ich dir etwas Merkwürdiges erzählen – etwas, das mich sehr betroffen gemacht hat:

Ich schrieb dir in meinem vorigen Brief, daß ich öfter zu Ohren bekomme, daß Menschen meines Alters morgens schon mit Depressionen erwachen. Und was glaubst du, was ich soeben in dem Buch ›Ab und zu eine Oase‹ (von Rex Brico) lese – (es sind die gesammelten Kolumnen von Interviews, die er früher für ›Elseviers‹* geschrieben hat)? In einem Interview mit dem Londoner Rabbiner Lionel Blue – bei uns durch sein Buch ›Eine Leiter zum Himmel‹ bekannt – sagt dieser:

»Wenn ich morgens wach werde, bin ich meistens sehr deprimiert und fürchte mich vor dem kommenden Tag. Wollen Sie wissen, wofür ich Gott brauche? Mir den Mut zu schenken, aus meinem Bett zu steigen und den Tag zu beginnen. Jeder erwartet sich von seiner Religion etwas anderes. Die meisten wünschen sich Geborgenheit. Aber das, was einem am allerwenigsten bleibt, ist Sicherheit. Denn was uns am Tag des Todes geschieht, bleibt ein Rätsel. Während man jedoch die Sicherheit anstrebt, findet man etwas anderes: Mut.

* ndl. Zeitschrift

Wir* sind keine Versicherungsgesellschaft – aber wir versuchen dennoch, etwas zu verkaufen: Mut.«

Und daraus schöpfe auch ich Mut.

Deine Ann

* die Rabbiner

Liebe Ann –

ich glaube, meine Ausdrucksweise ist nicht konkret genug.

»... ich würde ... vielleicht ... möglicherweise ... unter bestimmten Umständen ... irgendwann einmal ...«

Das liegt in meiner Familie: Wir waren immer versessen auf »mildernde Umstände« wie: »... einerseits« oder »bis zu einem gewissen Grad ...«, und ich bin aufgewachsen mit dem Vorbehalt: »... zumindest, wenn ich dann noch am Leben bin.« Es sollte deutlich machen, daß man auf jeden Fall abzuwarten hatte, ob das, was man erwartete, sich wünschte oder plante, auch wirklich passierte.

Also traf mich fast der Schlag, daß du aus meinem letzten Brief den Schluß zogst, ich wollte allen Ernstes in ein Altenheim ziehen. Ich will nichts weniger als das! Oder doch höchstens in ferner Zukunft, die ich wahrscheinlich gar nicht erleben werde. Was ich im Sinn hatte, war kein Altenheim, sondern ein Altenwohnheim, und ich habe mich darüber aufgeregt, daß man von Amts wegen dabei ist, diese dem Alter angemessene Wohnform zu torpedieren. Es ist einfach unerhört! Denn was dann noch übrigbleibt, ist nichts anderes als ein Daueraufenthalt im Krankenhaus.

Übrigens: Wenn ich darüber nachdenke, kommt

es mir selber komisch vor, so ein »Vielleicht-Typ« zu sein. Möglicherweise (!) habe ich dadurch so oft das Gefühl, daß die Leute mich nicht verstehen. Sie wollen Fakten hören – und ich biete nur Nuancen an.

Wenn ich früher in einer Jury mitarbeitete, warteten meine Kollegen nach der Besprechung einer Geschichte oder eines Buches immer schon auf mein stereotypes »... oder nicht –?«, womit ich mein Resümee beschloß. Sie machten mich darauf aufmerksam, und wir lachten darüber – ich wußte, daß sie recht hatten.

Was aber nicht bedeutet, daß ich Kritik besonders gut vertragen könnte. Im Gegenteil. Wenn mich jemand auf einen Fehler hinweist, bin ich imstande, stundenlang darüber zu debattieren, nur um zu beweisen, daß der Jemand »... es nicht richtig sieht«.

Wir beide haben uns früher einmal versprochen, uns gegenseitig darauf hinzuweisen, wenn die eine bei der anderen Symptome wie Rechthaberei, Mäkeln, zu langes Verweilen bei irgendwas oder was immer an Bedenklichem feststellen sollte. Es liegen ja eine Menge Fehler auf der Lauer, die sich unser Alter zunutze machen!

»... das muß doch klappen«, sagte ich, »daß man sich gegenseitig hilft, solche Dinge zu vermeiden!«

»Natürlich«, sagtest du. Wir waren wieder mal

ein Herz und eine Seele. Obwohl wir beide wußten, daß die Praxis anders aussehen würde.

»Sag mir's, wenn ich zuviel rede«, sagte eine Bekannte zu mir, mit der ich mich zu einer Reise verabredet hatte. Sie kannte sich; sie konnte wirklich endlos erzählen: Erinnerungen, Geschichten über Jan und Mann, von Fern und Nah, Beurteilungen, Voraussagen. Sie war unerschöpflich, redete wie ein Wasserfall.

Aber so interessant jemand auch zu erzählen weiß: von Zeit zu Zeit möchte der Gesprächspartner sich doch auch einmal selbst überlassen bleiben.

»Aber sicher«, sagte sie, und wenn ich das Bedürfnis hätte, daß sie mal kurz den Mund hielte, sollte ich das einfach sagen. Sie würde es mir bestimmt nicht übelnehmen!

Unsere Reise begann hoffnungsvoll, aber schon am zweiten Tag fühlte ich mich wie mit Händen und Füßen an eine Rockmusikband gefesselt.

»Sag es nur, wenn ich zuviel quassele!« Aber wenn ich für einen Moment nicht zuhörte, stieß sie mich an: »Du hast nicht aufgepaßt...«

Einmal schlug ich vor, wir sollten eine Zeitlang schweigen; sie ging einfach darüber hinweg.

Und weil solche Dinge vorhersehbar sind, verzichtet man besser auf jeglichen Kommentar, wenn in unmittelbarer Nähe jemand ein ermüdendes oder irritierendes Symptom zu entwickeln beginnt.

Schweigen übrigens ist eine lehrsame – vielleicht

sogar inspirierende Tätigkeit. Man dringt zwar gegenwärtig immer darauf, die Dinge zu bereden, sie »auszusprechen« – aber dabei wird auch vieles gesagt das wie »ein Pfahl im Fleische« (wessen auch immer) haftenbleibt. Der Arzt, der mich durch einen Teil meines Lebens begleitete, drückte es so aus: »Einmal ausgesprochen lassen sich die Worte nicht mehr zurückholen.«

Und wenn ich zurückschaue, habe ich das Gefühl, daß ich die Dinge einfach »durchlebt« und sie dadurch (mehr oder weniger jedenfalls – Enttäuschungen gibt es ja immer!) überwunden habe. Gespräche waren dabei nur sehr selten hilfreich: mit Worten kann man zwar etwas erklären – Leitgedanken aber können sie *nicht* sein.

Es gibt ja immer wieder Situationen, die eigentlich unabänderlich sind. Und wenn man nach bestem Wissen und Gewissen alles Mögliche getan und dennoch nichts erreicht hat, ist es nicht das Schlechteste, die Dinge einfach so zu nehmen, wie sie sind. Immer mit der Maßgabe, daß ich auch weiterhin unermüdlich auf der Suche nach Verbesserungen bleiben werde.

Deine Taube

p. s.: Eine Kammerzofe! Was bist du nur für ein Geschöpf: mit einem Fuß im Damals und mit dem anderen in der Gegenwart...

Kammerzofen waren Menschen, die das Leben anderer leben mußten. Sie sind überholt. Demokratie bedeutet, daß jedermann selbst ein Leben hat (abgesehen von den Menschen, die außer ihrer Arbeitskraft auch mehr verkaufen müssen –). Außerdem bin ich davon überzeugt, daß man nichts so leid werden kann, wie Tag und Nacht von jemandem umwuselt zu werden.

Natürlich gibt es Umstände, bei denen es gar nicht anders möglich ist. Ich hatte ein einziges Mal das Glück, im Journalistenteam von Beatrix, die damals noch Kronprinzessin war, durch die Sowjetunion zu reisen. Wir Frauen bewunderten ihre offensichtliche Unverwüstlichkeit – waren andererseits aber auch gescheit genug, festzustellen, daß zwischen Beatrix' Art zu reisen und unserer eigenen ein großer Unterschied lag. Für sie gab es keine Sorgen wegen zerknautschter Kleider, windzerzaustem Haar oder zerwühlter Koffer. Die Garderobiere sorgte für alles; die Prinzessin brauchte nur anteilnehmende und liebenswürdige V.I.P.* zu sein. Aber die junge Frau, die ihr Beistand leistete, war auch keine Zofe, sondern eine Garderobiere; eine königliche Garderobiere.

* very important person (sehr wichtige – in diesem Falle hochoffizielle Person)

Liebe Taube –

du tust es also *doch* ein bißchen: mir ehrlich sagen, daß ich unmöglich bin (von wegen mit einem Fuß in der Vergangenheit und mit dem anderen in der Gegenwart). Aber ich geb's zu – mit einem Auge fixiere ich ›Opzij‹*, während ich mit dem anderen voller Zärtlichkeit alte Fotografien betrachte – Bilder, die mich in den Anfang unseres Jahrhunderts entführen, wo alles viel herzlicher und romantischer für die piepjunge Anne war. Es läßt sich nicht mehr mit dem Heute vergleichen.

Ich habe eine *Menge* Fotografien – ganze Alben voll. Was macht man bloß damit? Die junge Generation von Neffen und Nichten machen sich nichts daraus – bis auf eine Ausnahme.

»War das meine Großmutter?« fragen sie ein bißchen indigniert, wenn sie das gestellte Porträt eines Mädchens mit verschlossenem Gesicht über einem Rüschenkleid und in langen schwarzen Strümpfen erblicken. Man kann es doch nicht alles aufbewahren! Großes Kopfzerbrechen.

Zu dumm, daß sich der sogenannte Nest-Instinkt anscheinend nie verliert. Sowie es Frühling wird und die Sonne hell in meine Wohnung scheint (soweit der Smog sie nicht daran hindert), fange ich

* Zeitschrift der Frauenbewegung

automatisch an aufzuräumen, zu ordnen und zu sortieren. In meiner Kinderzeit war das ein Muß: Die Öfen wurden gesäubert, frisch geschwärzt oder auch eingefettet*, in Zeitungspapier verpackt und bis zum nächsten Herbst weggestellt. Der Zimmerkamin mußte gefegt werden, was einen Haufen Staub und Asche und sonstigen Dreck gab, kurz – eins kam zum anderen. Weißt du das noch?

Jetzt ist alles viel einfacher, aber die Putzwut stellt sich mit den ersten Frühlingssonnenstrahlen prompt wieder ein. Es muß ein Virus sein.

Aufräumen bedeutet für mich – und wahrscheinlich auch für viele andere von uns – vor allem auch Aussortieren und Wegwerfen. Ich hebe immer viel zuviel Kram auf, und eigentlich will ich in meinen Schränken nichts mehr haben, was ich nicht benutze oder überhaupt nicht nötig habe. Aber was *tue* ich damit? Was macht man mit alten Heiligenbildchen aus frommer Kinderzeit, mit alter, vom Aufbewahren vergilbter Spitze, mit übergroßen Tafeltüchern (jetzt, wo es die praktischen Platz-

* Niederländische Zimmeröfen – sogenannte »Kachel« (meist aus Eisen, in runder Form und mit Messinggriffen oder -knöpfen), mit Kohlen, Briketts oder Petroleum beheizbar, wurden anno dazumal im Frühling abmontiert und bis zum Herbst weggestellt. Der Kamin bekam einen Vorhang, und der Platz davor wurde mit einem kleinen Sitzmöbel ausgefüllt. War es in der Zwischenzeit kalt, mußte man sich eben warm anziehen.

deckchen gibt), mit Wandkarten von fremden Gebirgen, mit Ansichtskarten aus aller Welt, die man ohnehin nur *einmal* anschaut?

Ich nehme alles in die Hände – und dann lege ich es wieder hin, wo ich es hergeholt habe. Eine sehr kleinmütige Entscheidung; das Problem selbst wird dadurch nur vertagt.

Vielleicht kennst du solche Schwierigkeiten ja gar nicht – du bist schon so oft umgezogen, während ich jetzt bereits seit dreißig Jahren hier wohne! Außerdem halte ich dich für eine Art Durchgangsstation: Alles, was du besitzt, geht immer sehr rasch in andere Hände über.

Aber seit gestern haben sich meine Bestände merklich gelichtet. In unserem Regionalblatt fand ich eine Suchanzeige nach alten Postkarten. Ich habe sofort Kontakt aufgenommen; es war ein Sammler, ein Pensionär, dessen Hobby alte Postkarten und Kupferstiche sind, und an ihn bin ich eine ganze Menge losgeworden. Als wir uns nach drei Stunden des Stöberns und Entdeckens voneinander verabschiedeten, freuten wir uns beide – er zog mit drei vollen Plastiktaschen ab. Gelernt habe ich dabei auch etwas: Ansichtskarten von *vor* 1905 haben in der Mitte der Anschriftenseite noch keinen senkrechten Strich.

Außer mir scheint es noch eine ganze Anzahl alter Hamsterer zu geben, die – wie ich – solche Schätze horten. Mein Besucher versicherte mir, im vergangenen Jahr seien etwa hunderttausend Karten durch seine Hände gegangen!

Als er weg war, entdeckte ich noch eine Menge, was ich ihm hätte mitgeben können. Meine Hamstersucht war immer schon grenzenlos.

Ich stelle fest, daß ich bei solchen Dingen leicht die Übersicht verliere. Um zu wissen, was ich noch an Kleidungsstücken besitze, muß ich erst meinen Schrank durchwühlen – »... ach ja – *den* Rock hab' ich also auch noch ...« Auch das wird bei dir nicht so schlimm sein – manchmal merke ich eben doch, daß ich elf Jahre weiter bin als du (ich sage mit Absicht: weiter; jemand, der nicht zum Ausdruck bringen wollte, daß er alt sei, erklärte mir vorsichtig: »Ich habe viele Jahre hinter mir ...« Toll).

Das falsche Spiel mit dem Begriff »alt«, wie es in den Zeitschriften betrieben wird, läßt mir manchmal die Haare zu Berge stehn. Und da meint jetzt so ein junger Naseweis von Toxikologe, man könne doch – wenn man Schadstoffe in Nahrungsmitteln untersuchen wolle – Menschen über siebzig als Probanden heranziehen. Sozusagen als Versuchskaninchen. Warum nicht gar! Alte sind ja nur Wegwerfgeschöpfe.

Und dabei gibt es so großartige alte Menschen. Manchmal sieht man in der Zeitung Köpfe – groß und scharf, weil man mit dem Fernsehen konkurrieren muß –, die man immer wieder anschauen möchte.

Was mag im Leben solcher Menschen alles vorgegangen sein! – Die Gesichter spiegeln das Geheimnis von Wachstum und Verlust, von Kampf und Erfolg. Die Physiognomie der Menschen auf alten, vergilbten Fotos von früher gibt viel weniger preis, man hielt sich an die Anordnungen des Fotografen; sich fotografieren zu lassen war immer etwas Feierliches. Ich ertappe mich dabei, daß ich die Fotografien meiner nächsten Angehörigen jetzt viel intensiver als früher betrachte – vor allem, wenn man sie gut gekannt und den zumeist ergreifenden Roman ihres Lebens aus nächster Nähe miterlebt hat.

Was du in deinem letzten Brief gesagt hast (über die Unabänderlichkeit bestimmter Situationen), das empfinde ich genauso. Man muß einfach durch die Dinge, die einen überkommen, hindurchleben; was unvermeidlich ist, muß man annehmen. Es hat keinen Sinn, immer darüber reden zu wollen – man muß selber damit fertig werden.

Eigentlich ist ein langes Leben etwas sehr Wunderliches, es gibt immer wieder neue Überlegungen dazu. Jedenfalls dann, wenn man bewußt leben will.

Deine Ann

Liebe Ann –

du unterschätztest meine Zerstreutheit – sie ist nicht weniger grenzenlos als deine Hamstersucht. Weil ich so wenig Platz habe, packe ich zum Beispiel meine Sommerkleider zu Beginn des Winters in einen kleinen Koffer und vergesse sie. Und im nächsten Sommer wundere ich mich baß, daß ich so wenig Klamotten habe. Das ist mir nicht nur einmal, sondern ein paar Jahre hintereinander passiert. Allerdings regt mich das nicht besonders auf – Zerstreutheit ist ein spezifisches Merkmal meiner Familie. In dieser Beziehung könnte ich die tollsten Sachen erzählen. Was mich selbst angeht, so erinnere ich mich an einen Tag im Krieg (ich war noch ziemlich jung), wo ich am Ausguß in der Küche stand und traumverloren die Soße hineinlaufen ließ. Soße war – sogar in dem damals üblichen, stark verdünnten Zustand – etwas sehr Kostbares.

Ein anderes Mal – es war in derselben Zeit – goß ich das kochende Wasser, womit ich den Tee aufbrühen wollte, in den Zuckertopf. Und da wir uns nicht erlauben konnten, etwas Süßes wegzuschütten, haben wir tagelang Tee mit Zuckerwasser getrunken.

Des weiteren aber ist es, wie du sagst: Meine vielen Umzüge haben mich vor einer Anhäufung von Besitztümern bewahrt. Und doch bin ich während meiner Aufräumungsarbeiten zwischen Büchern und Papieren immer wieder ganz verblüfft darüber, was sich da so alles ansammelt.

Ich hätte so gern alles ein bißchen ordentlich und übersichtlich, damit meine Kinder – wenn ich einmal nicht mehr bin – sich nicht mit diesem Haufen Zeugs herumschlagen müssen. Es ist eine Wunschvorstellung, und das wird es bis ans Ende meines Lebens wohl auch bleiben.

Gerade als ich mich etwas eingehender mit dieser traurigen Tatsache befassen wollte, kam mir eine Inspiration: Solange man auf Erden wandelt, lebt man, macht Unordnung, wirft die Dinge durcheinander – und so muß es sein. Stell dir vor, man würde alles aufräumen, sich dann brav auf einen Stuhl setzen und sagen: »So, alles ist fertig.« Und dann? Es geht einfach nicht. Meine Umgebung muß sich damit abfinden, daß sie nach meinem Tode zunächst einmal gründlich aufräumen muß.

Warum gehen wir eigentlich immer davon aus, daß Probleme nicht sein dürften oder daß man sie – sofern sie dennoch existieren – mit allen Mitteln aus der Welt schaffen müßte?

Wie gesagt: Wir leben, und das bedeutet Unordnung; und bestände sie auch nur darin, daß ein Kind hereingestürmt kommt, sich von der Oma ein Glas Apfelsaft erbittet und es über der frischgereinigten Tischdecke verschüttet – (… keine

Tränen, Schätzchen! Es soll dir im Leben nie Schlimmeres zustoßen...)

Manchmal habe ich den Verdacht, daß das Bedürfnis, Probleme so hygienisch sauber wie möglich (und am besten noch bevor sie wirklich in Erscheinung treten) zu lösen, auch bei der Euthanasie eine Rolle spielt. Der Gedanke, krank zu werden und für seine Angehörigen eine Last zu sein, ist in der heutigen Zeit nahezu unannehmbar.

Früher waren Krankheit und Leiden, Schmerz und Ungemach einfach Dinge, die einen überkamen und die man hinnehmen mußte, weil man nichts daran ändern konnte. Man versuchte sich so tapfer wie möglich darein zu schicken.

Natürlich haben Tapferkeit und stilles Sichergeben immer noch ihren Wert. Gleichzeitig aber gibt es heutzutage soviel Möglichkeiten zur Wiedererlangung der Gesundheit, daß man schon sehr einfältig sein müßte, wenn man nicht jede Gelegenheit nutzen würde.

Dennoch: Die effektive Unheilbarkeit mancher Krankheiten darf nicht totgeschwiegen werden.

»Ich hätte nicht gedacht, daß es *so* sein würde...« sagte mir eine Frau, die wußte, daß sie sterben müßte. Man hatte ihr eröffnet, daß sie noch ein Jahr zu leben haben würde, und sie hatte sich damit abgefunden. Aber zu diesem Zeitpunkt konnte sie sich natürlich noch nicht vorstellen, wie schlimm die letzten Monate *wirklich* sein würden.

Doch wie auch immer – und ohne mich von vornherein der Tapferkeit und Demut zu versagen, wünsche ich mir einen würdigen Tod: keinen senilen Verfall – ohne jene Art von Schmerzen, die einen vergessen lassen könnten, daß man ein Mensch ist. Auch dann noch ist Sterben schwer genug.

Ich will kein Geheimnis daraus machen, daß ich eine Anhängerin des Euthanasiegedankens bin – um so mehr, weil wir alle schon viel länger leben, als es die Natur uns eigentlich zugesteht.

Mein Mann und ich haben bereits vor Jahren wiederholt festgestellt, daß wir unser Leben – seitdem es verschiedene Male auf Messers Schneide stand – eigentlich nur noch der medizinischen Wissenschaft verdanken; »verdanken« im wahrsten Sinne des Wortes. Oft genug haben wir dann auch versucht, den Ärzten gegenüber auszudrücken, was uns bewegte. Doch die Suche nach den geeigneten Worten (wie bedankt man sich bei einem Menschen für ein wiedergeschenktes Leben?) endete zumeist in hilflosem Gestammel.

Dennoch (oder just deswegen?) halte ich mich für berechtigt, um Hilfe zur Beendigung meines Lebens zu bitten, wenn das Sterben unerträglich wird.

Wie ich dich kenne, wirst du mir *nicht* zustimmen, aber ich möchte unbedingt deine Meinung dazu erfahren. Ich nehme an – nein: Ich *hoffe*, daß du mir antwortest, Ann.

Nur eines (etwas, das immer wieder behauptet wird) darfst *du* mir *nicht* sagen: daß Menschen einfach nicht sterben *wollen.* Ein Dreiundachtzigjähriger verfügte bei der Niederschrift seines letzten Willens:

»Da ich dieses schreibe, bin ich im Vollbesitz meiner geistigen Kräfte, und in diesem Sinne tue ich kund, daß ich eines würdigen Todes – ohne künstliche Verlängerung meines Lebens – sterben möchte.«

Sicher, es ist ein entsetzlicher Beschluß (auch für diejenigen, denen das Handeln auferlegt wird), und viele Menschen schrecken vor dieser letzten Konsequenz zurück – aber es gibt auch sehr viele, die den Augenblick ihres Todes *selbst* bestimmen.

Heleen

Liebe Taube –

du hoffst, daß ich zu deiner Ansicht über die Euthanasie Position beziehe, und zweifelst gleichzeitig an, daß ich die deinige teile.

Ich stimme dir zu, daß – abgesehen von biblischen Zeiten – ein Menschenleben noch nie so lange gedauert hat wie heute. Wenn ich mich unter meinen Bekannten und Freunden umschaue, glaube ich von vielen sagen zu können, daß sie ohne den einen oder anderen Eingriff längst nicht mehr am Leben wären; sie alle haben etwas Lebensbedrohliches aus ihrem Körper entfernen lassen – sie haben verschlissene Adern durch Plastikröhrchen ersetzen lassen, haben sich einen Herzschrittmacher einsetzen oder eine Bakterien- oder Virusinfektion durch Antibiotika vernichten lassen.

Wer stirbt heutzutage noch (wie dein geliebter Tschechow) an Tuberkulose?

Trotz alledem aber – und obgleich uns die Gesundheitsvorsorge mit ihren ungeahnten Möglichkeiten zur Verfügung steht – bleibt die stete Bedrohung durch bösartige, um nicht zu sagen: giftige Stoffe, die wir ungewollt, unvermutet und unentdeckt tagtäglich zu uns nehmen, bestehen.

Um mein Leitungswasser zu säubern, habe ich mir soeben einen tollen Apparat angeschafft: eine große Kanne mit Filter; sie soll mir wenigstens sauberes Wasser für Kaffee, Tee, zum Kochen von Gemüse und zum Durstlöschen garantieren. Außerdem benutze ich sie für meine Blumen und Pflanzen.

Ich bin neugierig, ob die Supermarkt-Konsumenten, die gedankenlos die ganzen industriell bearbeiteten Nahrungsmittel nach Hause karren, so lange ihre Gesundheit behalten werden wie wir Achtziger, die – jedenfalls bis zum Zweiten Weltkrieg – eine Menge weniger von dem denaturierten Zeug geschluckt haben.

Die ganze Entwicklung liegt in der Zukunft verborgen – und das ist gut so. Es zwingt die Menschen zu der Erkenntnis, daß sie nicht allmächtig sind. Auch unsere eigene Zukunft bleibt uns verborgen – eine Zukunft, die für mich und meine Generationsgenossen auf jeden Fall nur kurz sein wird.

Aber darf man das definitive und unabwendbare Ende dieser Zukunft nach eigenem Gutdünken bestimmen?

Ich meine: Es entzieht sich doch vollkommen der eigenen Vorstellungskraft; man kann sich ebensowenig ein Urteil darüber bilden wie über einen Schwangerschaftsabbruch. Es ist eine ganz persönliche Angelegenheit und liegt von Fall zu Fall anders.

Wenn ich darüber nachdenke, ob es unnatürlich ist, das Ende seines Lebens in die eigene Hand zu nehmen oder es jemand anderen beschließen zu lassen, denke ich an die Nomadenstämme im Norden von Lappland: Wenn es sich herausstellt, daß ihre Alten die bevorstehende Reise nicht mehr mitmachen können, werden diese im Iglu zurückgelassen, wo sie sehr rasch den Tod durch Erfrieren sterben.

Es widerfährt jedem von ihnen – ohne Ausnahme. Sobald die Kräfte schwinden, weiß jeder, was ihn erwartet, und sie leben damit wie mit etwas ganz Natürlichem.

Für ebenso natürlich halte ich es, daß sich der Mensch bei den ersten inneren Signalen dafür, daß seine »Haltbarkeit« zu bröckeln anfängt, auf die Endphase seines Lebens vorzubereiten beginnt; daß er ihr nicht als Bedrohung entgegensieht, sondern als einem Etwas, das zum Leben gehört – etwa in der Art, wie man eine schwierige, noch unbekannte Aufgabe angeht: »Also gut – ich werde mein Bestes tun…«

Alles, was ich über dieses Thema weiß – was ich darüber höre oder lese, bestärkt mich in meiner Ansicht, daß Dinge wie solche unannehmbar sind:

Eine Frau, die ich gut kannte, erfuhr von ihrem Arzt, daß sie *die* gefürchtete Krankheit hatte. »Dann nehme ich Abschied von der Welt«, sagte sie – »ich will weder Schmerzen noch Verfall ertragen…«

Und ohne Zögern setzte sie ihrem Leben ein Ende. Ich halte es für ein Unrecht – wie gesagt. Etwas ganz anderes wäre es, wenn man einen Patienten nach einem solchen Todesurteil einer Skala von modernen Therapien ausliefern und doch nichts anderes mehr damit bewirken könnte als ein menschenunwürdiges Dahinvegetieren des Todgeweihten: Für einen solchen Menschen wäre der Tod, unausweichlich ihm bevorstehend – doch auf humane Weise beschleunigt, eine Erlösung.

In einem Fernseh-Interview sagte die achtzigjährige Mary Dresselhuis, sie fürchte sich nicht vor dem Ende – wohl aber vor Schmerz, Altersschwachsinn und körperlichem Verfall. »Ich weiß«, sagte sie, »daß viele Leute aus meinem Freundeskreis immer ›alles im Hause haben‹, um ihr Leben zu gegebener Zeit zu beenden. Aber im letzten Moment schrecken sie davor zurück...«

Warum wohl?

Wahrscheinlich, weil man im tiefsten Inneren spürt, daß man es »vollbringen« muß – daß man das Ende ebensowenig selbst in die Hand nehmen kann wie den Anfang.

Meine alte Nachbarin (ich habe schon öfter von ihr erzählt) sagte jedesmal, wenn wir uns begegneten: »Ich mache ein Ende – ich habe die Tabletten in meiner Tasche.« Aber auch sie führte es nicht durch. Sie hat nach einem langen und tapferen Leben ihre Schlußprüfung abgelegt – die

»Läuterung«, die letzte »Bereinigung« all jener Vergehen, von denen sich kein Mensch freisprechen kann.

»... der Kuchenberg, den du schaffen mußt, bevor du ans Licht gelangst«, sagte ich oft zu ihr. Sie war Nihilistin – aber sie hörte mir zu, vermerkte es gelassen und vergaß ihre permanente Aufsässigkeit. Ich weiß, liebe Taube: Dies ist keine befriedigende Antwort auf deinen Brief. Aber es ist auch für mich ein schwieriges Thema. Vielleicht deshalb, weil es an das größte Mysterium des Lebens rührt.

Deine Ann

Liebe Ann –

was immer wir zu diesem Thema sagen oder schreiben: Es kann nie mehr sein als ein hilfloses Scharren vor einem riesigen Tor. Und zum Schluß bleibt doch die Angst – so wie Mary Dresselhuis es damals formulierte: nicht vor dem Tod, aber vor Schmerz, Senilität und körperlichem Verfall.

Das Ende des Lebens sollte ruhig, friedvoll und harmonisch sein. Denn bis es soweit ist und die Zeit des Abschiednehmens anbricht, hat das Leben uns schon übergenug an Unfrieden und Disharmonie beschert.

Und eine letzte Dissonanz noch: Der Tod durch Erfrieren, wie ihn die alten Eskimos erleiden müssen, ist nur allzu oft ein Kampf mit den ewig hungrigen Bestien des Polareises. So jedenfalls ist es mir erzählt worden.

Doch auch dies will ich noch vermerken – ein Wort, mit dem ich mich tröstete, als die Ärzte mit finsterem Gesicht um mein Bett herumstanden: »Sterben ist schwierig – aber können tut's jeder.«

Es ist schon erstaunlich: Tag für Tag schlägt man sich mit all diesen Gedanken herum und findet dennoch immer wieder den Mut, dem Leben entgegenzutreten, Pflichten zu übernehmen (jedenfalls bis zu einem gewissen Umfang), aktiv zu bleiben und sich notfalls auch über die düsteren Aspekte einer Zukunft aufzuregen, die man selbst wahrscheinlich nicht mehr erleben wird.

Was die Zukunft angeht: Es ist ja nicht so, daß man den Menschen in unserem Teil der Welt ihren Reichtum und Komfort nicht gönnte – aber es zeigt sich doch immer wieder, daß wir kürzer treten müßten; und genau das ist es, was wir nicht fertigbringen. Wir sind überzeugt, auf keinen der hunderttausend Gebrauchsartikel, die für die Generation vor uns noch keinerlei Rolle spielten, verzichten zu können; sie sind verbunden und verflochten mit unserem Lebensstil. Wir haben auch kaum Möglichkeiten, unser Leben mit dem der Damaligen zu vergleichen – wir können nicht einmal klar definieren, was zu den Notwendigkeiten gehört und was Luxus ist.

In unserem Russisch-Kursus nannte jemand als Beispiel für Pleonasmus: »Überflüssiger Luxus«. Worauf ich ein bißchen beklommen hinzufügte: »Aber gegenwärtig gibt es ›überflüssigen Luxus‹ und ›notwendigen Luxus‹.« Eigentlich war es nur ein Scherz – und doch beinhaltet es auch etwas über unsere Art zu denken: »Luxus muß möglich sein!« – »Luxus muß sein dürfen!«

Um auf übernommene Pflichten zurückzukommen: Manchmal sind sie eine Last. Kürzlich hatte ich einen Abend lang meine Enkelkinder betreut, und als ich hinterher ziemlich müde durch die Kälte nach Hause ging, stellte ich mir in einem Anflug von Melodramatik die Frage, ob ich an meinem achtzigsten Geburtstag wohl auch noch Babysitter sein würde.

Und dann hätte ich in der nächtlich stillen Straße beinah laut gelacht: In acht Jahren – wenn ich achtzig wäre –, welches meiner Enkelkinder würde mich da als Aufpasser überhaupt noch haben wollen? (Wobei ich mir die berechtigte Frage stellen darf, ob das für ihre Eltern sehr beruhigend sein wird. In dieser Hinsicht habe ich nämlich genug mißliche Vorkommnisse aus meiner eigenen Karriere als Mutter im Gedächtnis.) Eines jedenfalls steht fest: Die (dann) Vierzehn- bis Siebzehnjährigen werden sich die Beaufsichtigung durch die Großmutter energisch verbitten.

Doch im Ernst: Oft genug vollbringen wir Alten noch beachtliche Leistungen. Meine Freundin (74 Jahre alt) reiste mit ihrem Mann nach Griechenland, um dort ihre beiden Enkelsöhne zu versorgen; Tochter und Schwiegersohn mußten zu einer wichtigen Fachmesse.

Sie kamen schon etwas havariert an – sie am Stock, weil sie kurz vorher gefallen war, und ihr Mann mit einer beginnenden Grippe; ungefähr so wie Katze und Fuchs aus ›Pinoccio‹ (Originalton Freundin).

Ihr Mann mußte die Kinder zur Schule bringen – mit einem Kleinbus, der gelegentlich scheute wie ein unwilliges Pferd; des weiteren erlebten sie einen Streik der Gewerkschaft Öffentlicher Dienste, so daß sie jeweils für ein paar Stunden auf Wasser, Licht, Heizung und Kochgelegenheit verzichten mußten, und zum guten Schluß gab es auch noch einen Streik auf dem Flughafen. Aber da hatten sie wirklich Glück: Swissair – die Gesellschaft, mit der sie zurückfliegen mußten, war als einzige nicht bestreikt. Es sind nur kleine Maschinen und daher nicht angewiesen auf all die automatisierten Einrichtungen, mit denen man so vorzüglich einen ganzen Betrieb lahmlegen kann.

Sehr zufrieden erreichten sie ihr Zuhause.

Es ist ein großes Vorrecht, sich so nützlich machen zu dürfen!

Deine Taube

Liebe Taube!

Was für ein nettes, tapferes Paar – die beiden; mal eben nach Griechenland zu fahren, um die Enkelkinder zu betreuen – dazu noch mit Krückstock und Grippe: alle Achtung! Und es ist wirklich ein Vorrecht – etwas, das eigentlich nur ältere Menschen zustande bringen. Für sie hat ja die Möglichkeit, sich nützlich machen zu können oder zu dürfen, eine besondere Bedeutung. Und natürlich hat es – mehr noch als mit dem körperlichen Wohlbefinden – mit der geistigen Einstellung zu tun. Für andere etwas tun oder sein zu können – auf welche Art auch immer: Ich glaube, das ist es, was den Menschen bis zuletzt vor Minderwertigkeitsgefühlen und Depressionen zu schützen vermag.

Die Obhut für Enkelkinder zu übernehmen (worin du ja unschlagbar bist) gehört unzweifelhaft zu den wichtigsten freiwilligen Aufgaben, die Großeltern sich stellen können. Und wenn man sich einmal die Mühe nimmt, genauer hinzuschauen, kann man eine ganze Skala von freiwilligen Hilfsdiensten entdecken, die vor allem von Menschen unserer Generation geleistet werden. Es sind zumeist Ältere, die »Essen auf Rädern« bringen, die in den Krankenhäusern die Blumen und

Pflanzen versorgen, die mit einem Wägelchen voll wichtigem Kleinkram an die Krankenbetten gehen oder die Bewohner von Altenheimen mit notwendigen Dingen versorgen; sie schenken Kaffee aus, halten einen kleinen Schwatz und schneiden notfalls auch Fuß- oder Fingernägel – alles Handreichungen, für die in dem ganzen professionellen Streß keine Zeit mehr bleibt. Und beim Kleiderverkauf durch die UVV* (wo ich neulich die hübsche Jacke für dich erwischt habe) sind es immer liebenswürdige ältere Damen, die einem behilflich sind. Natürlich haben sie auch die meiste Zeit.

Und jetzt will ich dir erzählen, was es hier bereits seit zwanzig Jahren gibt – was ich aber erst vor kurzem entdeckt habe: den Bücherdienst »von Haus zu Haus«, ausgerichtet von der »Bibliothek für Alte, Kranke und Behinderte«. Man kann sich einen Katalog bestellen und den Besuch einer Bibliothekarin erbitten, die einen bei der Auswahl der Lektüre berät und alle notwendigen Auskünfte gibt. Alle vierzehn Tage kommen freiwillige Helfer (es gibt insgesamt fünfzehn), die neue Bücher bringen und die ausgelesenen mitnehmen.

Es gibt überhaupt allerlei Gutes um uns herum, von dem man kaum etwas weiß, weil es nicht »das Neueste vom Tage« ist und die Medien es nicht für

* Freiwilligen-Union

nötig halten, auch nur ein Wort drüber zu verlieren.

So haben wir zum Beispiel auch den »Plus-Bus« – einen Kleinbus, der Alte und Behinderte befördert, die sich kein Taxi leisten können. Die Fahrer sind Freiwillige.

Wirklich, man sollte auf den Reklameflächen der Bahnhöfe Plakate mit großen Buchstaben anbringen: ALTE LEISTEN VIEL MEHR, ALS MAN DENKT!

Die Gesellschaft muß weg von dem eingefahrenen Klischee, daß Alte nur eine »teure Last« für sie seien. Was glaubst du, wie ich mich gefreut habe, als ich kürzlich einen Leserbrief in der Zeitung fand, dessen Verfasser Partei für uns ergriff! So was hat Seltenheitswert.

Der Einsender schrieb, die Überalterung der Gesellschaft werde nur wenig Kosten verursachen. Er stützte sich auf vernünftige Argumente, von denen eines auf das »...relativ billige Zusammenwohnen von Senioren in Gruppen« anspielte, das »gegenwärtig gewaltige Formen« annehme.

Stimmt genau, dachte ich. Diese Art Behausungen schießen zur Zeit wie Pilze aus der Erde – aber manche verschwinden ebenso schnell, wie sie gewachsen sind. Und da man durch Schaden angeblich klug wird, erfinden wir laufend neue Wohnformen und hoffen, daß sie von Dauer sein werden. Und wer, bitte, sind die Anstifter und Gründer?

Die Alten selbst; überall entstehen neue Seniorenräte – die einzige Möglichkeit, »...een vinger in de pap« zu kriegen; »mitmischen« zu können – überall, wo es wichtig für sie ist, »ihren Senf dazu« zu geben (was für ungemein treffende Sprichwörter es doch gibt!).

Sicher: Nicht jeder eignet sich für eine Wohngemeinschaft. Dich und mich kann ich mir als Partner einer solchen Gemeinsamkeit gar nicht vorstellen, dafür sind wir noch an viel zuviel Dinge um uns her gebunden. Aber wenn einem viel verlorengegangen ist, kann man inmitten solcher Wohnform für vieles entschädigt werden. Man ist nicht mehr einsam, man kann auf seine ganz eigene Weise sozial kreativ sein (wenn du weißt, was ich damit meine). Nicht umsonst erleben wir zur Zeit diesen Aufschwung – allein in Amsterdam gibt es sechs solcher Wohngemeinschaften, und weitere fünfundzwanzig sind im Entstehen. Das ist doch wirklich allerhand!

Die anfänglichen Mißerfolge rührten daher, daß die Bewohner sich »zu nah auf der Pelle hockten« (!) – so jedenfalls habe ich es von der siebzigjährigen Gründerin eines Projekts in der Innenstadt von Amsterdam erfahren. In ihrem Fall waren es zwölf alleinstehende Personen und ein Ehepaar – jeder mit einem kleinen Appartement, verteilt über drei Stockwerke. Das *konnte* nicht gutgehen, denn wer sich als alter Mensch an einer solchen

Gemeinschaft beteiligen will, sollte nicht vergessen, daß er fest in seinen eigenen Lebensvorstellungen verhaftet ist und eine Anpassung nur sehr relativ sein kann. Man sollte nicht zuviel erwarten.

Andererseits muß man sich natürlich kameradschaftlich verhalten – man darf sich den gemeinschaftlichen Mahlzeiten nicht entziehen (hier: zweimal monatlich) und man muß sich auch – sofern es zu den Voraussetzungen gehört – gegenseitig behilflich sein.

Von einer ganz andersartigen und besonderen Konzeption ist die »Lebens- und Arbeitsgemeinschaft De Hooge Berkt« in Bergeyk. Entsinnst du dich der Leserin, die dieser Gemeinschaft angehört und uns aufgrund unseres ersten Buches anschrieb? Sie und ihr pensionierter Mann leben dort, seitdem alle ihre acht Kinder verheiratet sind. Bergeyk ist eine Basisgemeinschaft für Ehepaare und Alleinstehende, Frauen und Männer, jung und alt.

Du weißt, wie ungern ich verreise – aber ich bin hingefahren, um es mir anzuschauen. Die ideelle Basis reizt mich ungemein.

Es ist ein umgebauter Bauernhof, ein vollständiges Ganzes. Ich wurde in der offenen Halle des Haupthauses sehr herzlich empfangen.

Die Ehepaare wohnen im Dorf jeweils in ihrem

eigenen Haus. Was die Gruppe verbindet, ist das Streben nach einer lockeren Gemeinschaft, wie es in einer humanen Welt eigentlich sein sollte: Respektierung des anderen (ohne Ansehen der Person), Verträglichkeit, füreinander bereitstehen und Gastfreundschaft gegenüber jedermann. Materielle Besitztümer werden ebenso geteilt wie notwendige Arbeit, man speist gemeinschaftlich und versammelt sich dreimal täglich zu gemeinsamem Gebet, um sich auf die Werte zu besinnen, daran die menschliche Unvollkommenheit immer wieder scheitert. Ich nahm an einem Gebetsdienst teil, der mich ein wenig an fernöstliche Rituale erinnerte, und danach an einer Brotmahlzeit im Speisesaal.

Wir saßen jeweils zu viert an kleinen Tischen, und ich unterhielt mich mit einem pensionierten Ehepaar (er: Ingenieur – sie: Lehrerin). Auch sie wohnen in ihrem eigenen Haus. Die Basis der Gemeinschaft ist katholisch geprägt, aber jedermann ist willkommen. Von den insgesamt hundertfünfzig Mitgliedern wohnt der eine Teil in Bergeyk und der andere in Thorn (Limburg). An einem Tischchen neben uns saßen zwei Studentinnen und ein junger Mann, die sich an Ort und Stelle kundig machen wollten; sie können – wenn sie zum Beispiel in Eindhoven arbeiten oder studieren wollen, auf DE HOOGE BERKT wohnen.

Es gibt sie also wirklich hier, dachte ich verblüfft. Diese jungen Menschen…

Übrigens wohnen hier auch zwei Töchter unserer Briefpartnerin – mit Mann und Kindern. Eine der beiden kam, mit ihrem Baby auf dem Arm, auf einen Sprung zu uns herein.

Ein wahres Unikum: Alte Leute, die vor fünfzehn Jahren dieses Werk begonnen haben, es jungen Menschen vorleben und an sie weitergeben. Und daß es Junge gibt, die sich dem Gedankengut öffnen und bereit sind, es fortzuführen. Ein Funken Hoffnung!

Deine hoffnungsvolle Ann

Liebe Ann –

was für erfindungsreiche Wesen die Menschen doch sind! Sie lassen sich einfach nicht unterkriegen – sie rücken jeder neuen Entwicklung unter Einsatz aller Kräfte zu Leibe. Die Schwierigkeit ist nur, daß viele solcher Attacken im Zuständigkeitsbereich älterer Leute liegen und daß sich deren Enthusiasmus in den Grenzen ihres Könnens halten muß (sonst stünden wir beide vielleicht in vorderster Front, denn die neuen Wohnformen haben uns immer sehr am Herzen gelegen).

Wer seine Grenzen überschreitet, braucht auf die Strafe nicht lange zu warten; was im Klartext heißt, daß man nichts übers Knie brechen sollte; es bleibt auch dann noch eine Menge Anpassung nötig. Man muß auf einen Teil seines Privatlebens verzichten – ein Stück seiner ganz individuellen, eigen»sinnigen« Lebenseinteilung aufgeben.

Und das ist schwierig. In der Sowjetunion, wo das ganze Konzept der Wohnkommunen elend gescheitert ist, gibt es Hunderttausende Negativbeispiele dafür.

Eine Wohngemeinschaft mit Jüngeren starten zu können ist natürlich eine gute Sache – es vermeidet eine Kluft zwischen »normal« und »sehr« alten Leuten.

Aber wann ist man eigentlich »sehr« alt –? Ich wage es kaum zu sagen, aber ich weiß tatsächlich nicht genau, wie alt ich bin; natürlich nicht im Sinne alter Bergvölker, die ihr Lebensalter an Jahreszeiten messen und die Anzahl der Jahre nicht nachhalten können.

Nein, in unserem ordentlich geregelten Land ist mein Geburtsdatum ohne weiteres zu erfahren. Und wenn ich jemanden kennenlerne, werde ich ihm früher oder später (und wie ich mich kenne: früher) mit rührender Offenheit mein hohes Lebensalter verraten. Er braucht mir auch gar nicht überrascht zu versichern, das hätte er nicht gedacht, oder »... Sie sehen noch so jugendlich aus!« – nein, nein, bis zu einem gewissen Grade bin ich mir meines Alters sehr wohl bewußt.

Die Schwierigkeit liegt anderswo; sie liegt in mir selbst: Ich begreife es einfach nicht. Ich hatte doch nie vor, so alt zu werden.

Manchmal höre ich Leute sagen: »Och – alt geworden bin ich ganz von selber.« Nicht einmal *das* war bei mir der Fall. Von Zeit zu Zeit hatten ganze Ärzteteams ihre liebe Not damit, mich überhaupt am Leben zu erhalten.

(Hilfe! Was ist *jetzt* wieder los –?)

Und nach verschiedenen Eingriffen oder (und) Behandlungen ging es dann wieder weiter.

Und so lebe ich noch jetzt: mit Ach und Krach. Rein theoretisch weiß ich ja, daß ich über siebzig bin, aber innerlich fühle ich mich *allen* Generationen zugehörig, und dabei spielt mein Alter überhaupt keine Rolle. Und das ist es: Ich kann nicht genau definieren, wo meine Seele sich heimisch fühlt.

Manchmal schäme ich mich ein wenig darüber. Ich sehe in den Augen der Jüngeren das Befremden, wenn ich mich zu sehr mit ihnen identifiziere. Ich versuche hastig, das »Wir« zu teilen: »du« und »ich«, und mit der Floskel: »...in meinem Alter« nehme ich mich rasch ein bißchen zurück. Sie sollen auf keinen Fall glauben, ich bildete mir ein, jünger zu sein, als ich bin.

Das ist aber auch gar nicht der springende Punkt – es gibt nicht viele Begriffe, die mich so sehr anwidern wie das schäbige »als ob«. Wahrscheinlich ist es einfach dies: leben und lebendig bleiben.

Solange man lebt, gehört man zu dieser Welt, zu dieser Gesellschaft und dieser Gemeinschaft. Wer könnte besorgt, traurig, fröhlich oder verbittert sein, *ohne* daß ich mit ihm fühlte?

Jeder darf mich »alt« finden, aber wenn ich einen Wunsch offen hätte, würde ich nur bitten: »Seht den Menschen in mir. Seht den Menschen in jedermann – auch in uns Alten.«

Es würde uns helfen, nicht zu verhärten; es könnte uns davor bewahren, uns hinter einer Mauer von Mißbilligung einerseits und dem Gefühl der Zurücksetzung andererseits zu verschanzen.

Es wäre überhaupt die erste und wichtigste Voraussetzung für alle neuen Wohnformen. Aber niemand sollte sich einbilden, es sei leicht zu verwirklichen.

Heleen

Hinweise auf das, was es auch nach
›Wo ist denn meine Brille?‹
noch zu sagen gibt

Hinweise, Fußnoten, Rand- und Zwischenbemerkungen mit Annes und Heleens freundlicher Genehmigung von Hanne Schleich

In der gleichen augenfreundlichen Schrift
bei dtv erschienen:

Anne Biegel / Heleen Swildens

Wo ist denn meine Brille?

Briefwechsel zweier Frauen über das Älterwerden
Deutsch von Hanne Schleich
dtv 25100

Anne Biegel / Heleen Swildens

Mitreden ist Gold

Anne und Heleen setzen ihren Briefwechsel
über das Älterwerden fort
Deutsch von Hanne Schleich
dtv 25107

»Die beiden Autorinnen wagen eine tabufreie Bestandsaufnahme der Probleme alter Menschen. Ein ernsthaft-heiteres Buch für Alte und Junge.«
Utz Utermann in der ›Hörzu‹

In der gleichen augenfreundlichen Schrift
bei dtv erschienen:

Wolfgang Schmidt

Die Geschwister

Roman · dtv 25120

»Wolfgang Schmidts Roman gehört zu den schönsten und reifsten Publikationen der Saison.«
Stuttgarter Zeitung

Böhmen 1935. Ein junger Mann von überragender Intelligenz und großem Charisma bringt die geordnete Welt einer kleinen Stadt an der Moldau durcheinander. Erste Liebe und sexuelle Obsessionen schaffen eine erotische Spannung, die von der ersten bis zur letzten Zeile anhält.

In der gleichen augenfreundlichen Schrift
bei dtv erschienen:

Blaues Katzenbuch

Zusammengestellt von
Helga Dick und Lutz-W. Wolff
dtv 25119

»Ich lasse mich nicht dressieren: Ich habe Charakter. Denn ich bin eine Katze. Und ich habe es gern, wenn man mich streichelt.«

Einundzwanzig ernste und heitere Katzengeschichten von Colette, Eva Demski, Max von der Grün, Elfriede Hammerl, Ursula Haucke, Marlen Haushofer, Elke Heidenreich, Erich Kästner, Doris Lessing, Penelope Lively, Inge Meidinger-Geise, Irmtraud Morgner, Isabella Nadolny, Pia Pera, Elisabeth Plessen, Ruth Rehmann, Luise Rinser, Herbert Rosendorfer, Otto Schönberger und Christa Wolf.

In der gleichen augenfreundlichen Schrift
bei dtv erschienen:

Das neue Großdruck-Lesebuch

Zusammengestellt von
Helga Dick und Lutz-W. Wolff
dtv 25117

Siebzehn Geschichten von Autorinnen und Autoren, die sich im Leben und in der Welt auskennen.

Unterhalten Sie sich mit Ingeborg Bachmann, Heinrich Böll, Max von der Grün, Binnie Kirshenbaum, Siegfried Lenz, Doris Lessing, Unni Lindell, Penelope Lively, Tessa de Loo, Isabella Nadolny, Christine Nöstlinger, Herbert Rosendorfer, Keto von Waberer, Joseph von Westphalen und Christa Wolf.

dtv

Lillian Beckwith im dtv

»Wenn eine unerschrockene Britin sich in die Hebriden verliebt, kann sie bücherweise davon berichten. Wie Lillian Beckwith, die damit der urigen Inselwelt ein herrliches Denkmal setzt.«
Hörzu

In der Einsamkeit der Hügel
Roman · dtv 12178

Eigentlich wollte »Becky« sich auf einer Farm in Kent erholen. Doch in letzter Minute kommt ein Brief von den Hebriden, der schon durch seine sprachliche Eigenart das Interesse der Lehrerin weckt. Aus der Erholungsreise wird ein Aufenthalt von vielen Jahren auf der »unglaublichen Insel«.

»Nur wer die Landschaft und die Bewohner der Inseln so intensiv kennengelernt hat, kann ein solches Buch schreiben. Die Marotten der Bewohner, deren Gastfreundlichkeit werden so liebevoll geschildert, daß es ein reines Lesevergnügen ist, ihren Wegen zu folgen.« *Hannoversche Allgemeine Zeitung*

Die See zum Frühstück
Roman · dtv 11820

Auf den Inseln auch anders
Roman · dtv 11891

Ein frischer Wind vom Meer
Roman · dtv 12029

Der Lachs im Pullover
Roman · dtv 12196

Alle Romane wurden ins Deutsche übertragen von Isabella Nadolny.

Erich Kästner im dtv

»Erich Kästner ist ein Humorist in Versen, ein gereimter Satiriker, ein spiegelnder, figurenreicher, mit allen Dimensionen spielender Ironiker ... ein Schelm und Schalk voller Melancholien.«

Hermann Kesten

Doktor Erich Kästners Lyrische Hausapotheke
dtv 11001

Bei Durchsicht meiner Bücher
Gedichte · dtv 11002

Herz auf Taille
Gedichte · dtv 11003

Lärm im Spiegel
Gedichte · dtv 11004

Ein Mann gibt Auskunft
dtv 11005

Fabian
Die Geschichte eines Moralisten
dtv 11006

Gesang zwischen den Stühlen
Gedichte · dtv 11007

Drei Männer im Schnee
dtv 11008 und
dtv großdruck 25048
»Märchen für Erwachsene«, das durch seine Verfilmung weltberühmt wurde.

Die verschwundene Miniatur
dtv 11009 und
dtv großdruck 25034

Der kleine Grenzverkehr
dtv 11010
Die Salzburger Festspiele lieferten den Stoff für diese heitere Liebesgeschichte.

Die kleine Freiheit
Chansons und Prosa 1949–1952
dtv 11012

Kurz und bündig
Epigramme · dtv 11013

Die 13 Monate
Gedichte · dtv 11014

Die Schule der Diktatoren
Eine Komödie
dtv 11015

Notabene 45
Ein Tagebuch
dtv 11016